KB214960

교회건설매뉴얼
4

청빙 매뉴얼

교회건설매뉴얼 4

청빙 매뉴얼

초판 1쇄 인쇄 2024년 8월 20일
초판 1쇄 발행 2024년 8월 25일

지은이 ㅣ 성희찬 임경근 안재경 손재익
펴낸이 ㅣ 안재경
펴낸곳 ㅣ 교회건설연구소

등 록 ㅣ 제 2023-000211호
주 소 ㅣ 서울특별시 서초구 서운로11길 7, 서초동교회 지하1층(서초동)
전 화 ㅣ 02-3474-6603
이메일 ㅣ andrewjk@hanmail.net

디자인 ㅣ 참디자인

ISBN 979-11-985485-3-5 〔13230〕

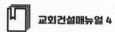
교회건설매뉴얼 4

청빙 매뉴얼

성희찬, 임경근, 안재경, 손재익 지음

교회건설연구소

차례

머리말

삼위일체 하나님께서는 교회에 직분자를 세우셔서 자기 백성을 다스리십니다. 교회 직분은 스스로 쟁취하는 것이 아니라 하나님의 부르심에서부터 출발합니다(히 5:4). 그리스도께서 직분자로 일하신 것도 하나님께서 세우셨기 때문입니다(히 5:5). 하나님이 불러 세우시지 않는데 어느 누구도 스스로 직분을 쟁취해서는 안 됩니다.

본 매뉴얼은 여러 직분 가운데 목사 청빙을 다룹니다. 교회에서 목사 청빙만큼 중요한 것이 없습니다. 목사는 '말씀 사역자'라는 호칭대로 하나님의 말씀을 선포하고 주의 양떼를 다스리고 돌아봅니다. 이 귀한 직분은 성도를 온전하게 하여 봉사의 일을 하게 하며 그리스도의 몸을 세웁니다(엡 4:11-12). 교회는 기도하는 가운데 목사를 청빙하고, 목사는 기다리며 하나님의 부르심을 확인합니다.

목사직은 청빙을 통해 세워집니다. 그런데 요즘에는 세속사회에서 직원을 고용하는 방식을 취합니다. 교회는 지원자들을 모집하고, 그 지원자들을 심사하여 청빙위원의 마음에 맞는 이를 담임목사로 세웁니다. 담임목사 청빙이 시작되면 온갖 로비가 난무하기도 합니다. 채용의 방식을 취하면 교회는 목사를 심사하고, 목회를 할 때도 성과를 요구하는 등 평가하는 태도를 버리지 못할 것입니다.

목사라는 직분이 너무나 중요하기에 교회는 담임목사가 공석일 때 채용이 아니라 말 그대로 모셔오는 방식인 청빙을 통해 말씀 사역이 이어지도록 해야 합니다. 그렇게 할 때 목사의 말씀 사역과 목양 사역으로 인해 교회가 영광스러운 주님의 몸으로 우뚝 서게 될 것입니다.

예전에는 이 청빙을 고빙(雇聘)이라고 부르기도 했습니다. '예의를 갖추어 모셔 온다'는 뜻입니다. 청빙하는 목사가 결정되면 당회원들이 직접 그 목사가 시무하는 교회로 찾아가서 모셔오곤 했습니다. 이것이 바로 청빙의 아름다운 모습입니다. 목사를 채용하는 것이 아니라 하나님께서 부르시고 세우시는 이를 모셔오는 것입니다.

이번 청빙 매뉴얼 작업을 위해 교회건설연구소 연구위원들인 성희찬 목사, 임경근 목사, 안재경 목사, 손재익 목사께서 너무나 많은 수

고를 해 주셨습니다. 목회로 분주한 가운데서도 시간을 내어 6~7차례의 1박 2일 워크샵을 통해 치열한 토론을 했고, 문장과 단어를 하나하나 세밀하게 다듬어서 목사 청빙의 원리와 실제를 잘 제시하였습니다. 교회건설을 위해 개인적인 작업이 아니라 이런 공교회적인 작업을 하게 되었습니다. 모쪼록 이 매뉴얼을 통해 교회마다 목사 청빙이 잘 이루어져서 주님 오실 때까지 말씀 사역이 잘 유지되기를 바랍니다.

2024년 9월

교회건설연구소장

제1장
청빙이란
무엇인가?

1. 청빙의 의미

청빙(請聘, calling)은 '청할 청(請) + 부를 빙(聘)'으로 '부탁하여 부르다'는 뜻이다. 1910년대는 고빙(雇聘, 예의를 갖춰 모셔 옴)이라고 했다. 청빙은 교회가 직분자를 청하는 일이다. 하나님이 개인을 불러 사역을 부탁하시는 일을 교회가 대신한다. 모든 직분자는 청빙을 통해 세워진다.

이 매뉴얼은 목사 청빙에 한한다. 목사 청빙은 영적인 일이다. 교회가 예의를 갖춰 부탁하여 목사를 모셔 오는 일이다. 교회가 주님의 부르심을 받들어 섬기는 일이다.

청빙은 채용이 아니다. 채용(採用)은 '사람을 골라서 씀'이라는 뜻으로, 교회가 공고를 내고 목사가 지원하는 방식이다. 이런 방식을 청빙으로 오해하는 경우가 있는데, 이 방식은 청빙이 아니라 채용이다.

채용은 세상의 방식으로서 하나님의 부르심을 고려하지 않고, 목사직을 세속화하며, 목자장과 교회의 머리이신 예수님의 의도에 반한다. 교회는 채용의 방식을 택해서는 안 되며, 목사 역시 채용에 응해서는 안 된다. 교회는 목사 청빙의 귀한 권리가 있음을 기억하고, 목사는 고요히 하나님의 부르심을 기다려야 한다.

2. 성경에 나타난 청빙

청빙은 성경에 근거한다. 직분은 스스로 취하지 않고 하나님의 부르심을 받아서 얻는다(히 5:4). 사도행전 6장에서 직분자 선택은 회중에게 맡겨졌다. 사도들은 "형제들아 너희 가운데서 성령과 지혜가 충만하여 칭찬받는 사람 일곱을 택하라…"(행 6:3)라고 말한다. 이에 대해 "온 무리가 이 말을 기뻐하여…택하여 사도들 앞에 세우니 사도들이…안수"한다(5-6). 사도행전 14장은 "각 교회에서 장로들을 택하여…주께 그들을 위탁하고"(행 14:23)라고 하는데, 여기에서 '택하다'는 '손을 들어 선출하다'는 뜻이다. 투표나 거수와 같은 방식이다.

이렇게 초대교회는 회중이 공적으로 직분자를 선출했다. 회중은 하나님의 직분자 세움에 선거로 동역하며, 직분자 선거를 통해 그리스도의 다스림을 확인한다.

3. 역사에 나타난 청빙

중세 시대는 회중의 직분자 선출 권한이 박탈되었다. 교황제와 감독제로 인해 목회자 청빙이 사라지고, 회중은 직분자 선택에 아무런 관여를 할 수 없었다. 교황이나 주교가 직접 임명하였고, 회중은 그냥 따를 수밖에 없었다.

종교개혁은 직분자 선택의 권한, 즉 청빙권을 회중에게 돌려주었다. 그럼에도 종교개혁 당시 에라스투스주의자(루터교회)와 감독교회(성공회)는 목사와 장로의 임명권을 지방 정부와 감독에게 맡겼다. 독립주의자(회중교회와 침례교회)는 전적으로 회중에게 맡기긴 했지만 노회를 부정했다. 반면, 장로교회는 회중의 선출과 치리회(당회, 노회)의 승인을 강조하는 방식이 성경적이라고 믿는다.

제2장
어떤 경우에
청빙하는가?

목사 청빙은 다음 세 경우에 한다. 목사 은퇴, 목사 사임, 교회 개척이다.

1. 목사 은퇴

담임목사가 은퇴할 때가 되면 새로운 담임목사를 청빙한다. 목사는 교체되더라도 말씀은 교회 안에서 계속되어야 한다. 목사가 은퇴하면 다른 목사를 통해 말씀 사역이 이어져야 한다. 이를 위해 담임목사의 은퇴와 함께 후임 목사를 청빙한다.

청빙 준비는 늦지 않게 한다. 청빙 작업이 늦어지면 교회가 어려울 수 있다. 예외적으로 교회 형편에 따라 담임목사 은퇴 후 청빙 작업을 진행해야 할 때도 있다. 그럴 때라도 은퇴 후 너무 지체해서는 안 된다.

2. 목사 사임

목사가 사임하면 새로운 담임목사를 청빙한다. 교회는 목사 부재 상태를 오래 지속해서는 안 된다. 최대한 빨리 후임목사를 청빙한다.

3. 교회 개척

목사 주도로 교회를 개척하든, 목사 없이 교인이 주도하여 교회를 개척하든, 적정 수 이상의 회집 인원이 있으면 속히 목사를 청빙한다.

제3장
청빙은 어떻게
진행하는가?

1. 청빙 예비 과정

목사 청빙의 일차적 주체는 당회다. 목사 청빙은 자주 있는 일이 아니기 때문에 당회원도 청빙 경험이 없는 경우가 많다. 장로교 정치원리를 잘 모르는 당회원은 목사를 '채용'하려 하기도 한다. 채용은 성경이 말하는 청빙 원리에 상충된다. 따라서 후보자를 결정하기 전에 당회원은 장로교 정치원리를 충분히 숙지해야 한다.

이와 관련해 노회(시찰회)는 목사 청빙과 관련한 경험과 신망이 있는 회원을 당회장으로 파송하여 당회원을 지도해야 한다. 당회장이 역할을 제대로 수행하지 못하여 개체교회가 청빙과 관련해 분란에 휩싸이는 경우가 적지 않다. 이 사실을 노회와 당회는 명심해야 한다.

당회는 파송된 당회장의 지도를 받아 청빙 절차를 교인에게 충분히 알린다. 이를 통해 청빙 과정의 투명성과 신뢰성을 높여야 한다. 또한, 청빙과 관련한 교육을 교인에게 시행하는 것도 필요하다. 투명한 진행과 적절한 교육은 투표가 부결되거나 교인 간 의견이 맞지 않아도 어려움에 빠지지 않게 해 준다.

청빙에는 다음과 같은 예비 과정이 있다. 1) 숙고, (2) 당회원 워크숍, (3) 청빙 교육, (4) 설문 조사, (5) 청빙 절차와 방식 결정

1) 숙고

목사 청빙은 지체해서도 안 되지만, 성급하게 시작해서도 안 된다. 하나님의 인도를 위해 깊은 성찰과 기도를 해야 한다.

2) 당회원 워크숍

청빙 절차 전, 당회원이 하나 되어야 한다. 회의보다는 기도회를 많이 갖는 것이 좋다. 청빙 경험을 가진 신망 있는 자를 초청하여 조언을 듣는다. 본 〈청빙 매뉴얼〉을 함께 읽고 공부한다.

3) 청빙 교육

교인 전체를 대상으로 기도회, 특강, 간담회를 갖는다. 청빙의 원리와 절차를 잘 아는 외부 강사를 초청하는 것도 좋다.

4) 설문 조사

본 교회의 상황과 비전에 맞는 목사상에 대한 설문 조사를 할 수 있다. 설문 조사가 제대로 이루어지기 위해서는 각 문항에 대한 자세하고 구체적인 해설이 뒤따라야 한다. 본 〈청빙 매뉴얼〉 부록에는 설문 조사 문항 예시가 있으니 형편에 맞게 수정하여 활용할 수 있다.

5) 방식과 절차 결정

청빙에 관한 기본적 원리에 대한 공감대가 형성되고 나면, 당회는 청빙 방식, 절차, 세부 일정을 결정한다.

2. 청빙위원회의 구성

개체교회 목사 청빙은 당회가 주관한다. 당회가 곧 청빙위원회다. 교회법은 청빙위원회를 따로 언급하지 않는다. 당회가 청빙을 주관하기 때문에 당회 자체가 청빙위원회 역할을 하면 된다.

그럼에도 당회의 결의로 별도의 청빙위원회를 구성할 수도 있다. 전교인의 의견을 반영하기 위해 당회원 몇 명과 직분, 성별, 연령 등을 고려하여 다양한 사람으로 청빙위원회를 구성할 수 있다. 이때 청빙위원회는 엄밀히 말해 '청빙 후보자 추천위원회'다. 후보자 추천을 위해 당회로부터 위임받은 임시 위원회다.

당회가 교인의 신뢰를 받지 못하거나 교회 내 갈등이 있을 때는 청빙위원회 구성 방식을 신중하게 해야 한다. 소수가 청빙을 좌지우지하면서 자신이 원하는 목사를 청빙하려 한다는 오해를 줄 수 있고, 교회가 더 큰 갈등에 휩싸일 수 있으며, 당회의 권위도 추락할 수 있다.

당회가 청빙위원회가 되든, 별도의 청빙위원회를 구성하든, 청빙위원회의 역할과 권한을 분명하게 규정해야 한다. 즉, 청빙위원회의 임무를 진술하고, 청빙을 어떻게 진행할 것인지에 대한 절차까지 미리 논의하는 것이 좋다. 별도의 청빙위원회가 구성되었을 경우 그 영향력이 크다는 것을 분명하게 인지하고 있어야 한다.

3. 청빙위원회의 임무

청빙위원회는 다음과 같은 일을 수행한다. 1) 교회 형편 정리, (2) 교회에 필요한 목사상 정리, (3) 청빙 방식 확정, (4) 후보자 추천, (5) 추천 접수 방식, (6) 후보자 검증, 7) 청빙 진행 상황 공지, 8) 최종 후보자군 선정 및 협의, (9) 당회 보고

청빙위원회는 위 임무를 수행하는 과정 중에 알게 된 인적정보에 대해 비밀 유지를 해야 한다.

1) 교회 형편 정리

교회 형편과 상황을 객관적으로 파악하여 문서로 정리한다. 정확하

게 알아야 어떤 목사를 청빙할 지가 명확해진다. 교인마다 형편에 대한 이해가 다르므로 최대한 일치된 내용을 문서화 할 필요가 있다. 교회 현실, 교회 비전, 지역 특성 등을 고려하여 정리한다. 정리된 내용은 교회 형편을 청빙할 목사에게 소개해 줄 때도 필요하다.

2) 교회에 필요한 목사상 정리

목사상에 대한 설문 조사 결과와 교회 형편 정리를 활용하여, 교회가 필요로 하는 목사상을 정리한다.

3) 청빙 방식 확정

후보자 선정 방식을 정한다. 추천, 승계, 교차 청빙, 모집 등이 있다.

① 추천

교인이나 노회 안팎의 명망 있는 목회자들의 추천을 받아 후보를 정하는 방식이다.

② 승계

담임목사가 은퇴할 때 그 교회 부목사 중에서 담임목사를 잇게 하는 것을 말한다.

③ 교차 청빙

두 교회가 담임목사를 서로 바꾸어 청빙하는 방식이다.

④ 모집

광고를 통해 후보자 지원을 받아 선정하는 방식이다. 오늘날 일반적이지만, 성경 원리에 맞지 않을 뿐 아니라 과거에는 없던 방식이다.

4) 후보자 추천

추천에는 내부, 외부, 공개 추천의 방식이 있으며, 형편에 맞게 사용할 수 있다.

① 내부 추천

교인이 후보자를 추천한다. 본 교회를 거쳐 간 교역자를 많이 추천할 것이다. 교인 대부분이 후보자를 경험했기 때문에 가장 신뢰할 만한 방법이다.

② 외부 추천

노회 내 목사, 교단 목사, 신학대학원 교수에게 부탁하여 추천을 받는다.

③ 공개 추천

신문과 인터넷을 통해 청빙 소식을 공개적으로 알려 후보자 추천을 받는 방식이다. 이때 추천자는 후보자와 동역자로서 관계를 일정 기간 이상(예를 들어, 3년 이상) 유지한 자로 추천자의 자격을 한정하는 등의 조건을 다는 것이 좋다. 그렇지 않으면 너무 많은 추천자가 몰릴 수 있어 청빙위원회의 업무가 과도해지고 결과적으로 피상적인 검증이 이루어질 수 있다. 이 방식은 앞에서 언급한 방식으로 후보자 추천이 원활하지 못할 때 선택할 수 있다.

5) 추천 접수 방식

추천을 받을 때는 구두로만 하지 말고 문서로 받아야 한다. 문서에는 이름, 나이, 현 시무교회, 추천 이유 등이 포함되어야 한다. 추천 양식은 본 매뉴얼의 부록에 있으니 형편에 맞게 수정하여 활용할 수 있다. 추천 양식을 교회당에 비치하여 작성케 하고, 누구에게 제출할지를 공지한다.

6) 후보자 검증

청빙위원회는 추천을 받기에 앞서 후보자 검증 항목, 방식, 기준을 정한다.

항목에는 이력, 추천서 내용, 이전 사역(주위 평판), 설교, 목회계획,

가정생활 등이 있다.

　방식에는 서류, 검색, 방문, 면접 등이 있다.

　기준에는 항목에 따라 무엇을 중요하게 볼지, 점수를 어떻게 정할지, 후보자를 몇 배수로 줄여나갈지 등이 포함된다.

　위에서 정한 항목, 방식, 기준에 따라 후보자를 검증한다. 검증은 최대한 신중하고 공정하게 한다. 단, 본 〈청빙 매뉴얼〉 청빙의 의미에서 설명한 대로, 이 일이 영적인 일임을 명심한다. 목사를 판단하려는 자세를 최대한 지양하고, 주님의 뜻을 묻는 태도로 진행한다. 예의를 갖춰 정중하게 모셔 온다는 청빙의 정신을 따라 진행한다.

　검증은 다음 순서에 따라 한다. 아래 순서는 일반적인 경우이고, 교회 형편에 따라 이 과정도 생략할 수 있다. 차수를 나눠할 수도 있고, 한 번에 모든 과정을 동시에 할 수도 있다.

① 1차 검증 (서류)

　추천서를 검증한다. 추천서 내용을 확인하고, 몇 사람으로부터 추천을 받았는지 등을 참고하여 후보자를 압축한다. 사정에 따라 압축하지 않을 수도 있다. 선정된 후보자에게 본인 의사를 확인하여 이력서(신력, 학력, 경력 포함)와 자기소개서(신앙고백 포함)를 요청한다. 이때 교회 형편 정리 내용을 후보자에게 보낸다. 이력서와 자기소개서를 참고하여 후보자를 압축한다.

② 2차 검증 (상세)

1차 검증을 통해 압축된 후보자에 대해 이전 사역(주위 평판), 설교, 목회계획, 가정생활 등을 검증하여 최종 후보자군(1~5명)을 결정한다. 단, 후보자 숫자, 검증 결과에 따라 순차를 늘여 후보자를 압축할 수 있다. 최종 후보자 군이 정해지면 후보자(후보자 아내 포함)와 면담할 수 있다.

2차 검증 기준은 다음과 같다. 각 검증 내용을 수치화해서 평가하는 것이 좋다. 부록의 '후보자 평가지'를 참고하라.

가. 이전 사역(주위 평판 포함) – 이전 교회 사역(설교, 목회, 행정, 지도력, 관계 등)이 어떠했는지를 살핀다. 이전 교회 담임목사, 교역자 동료 선후배, 교인, 관리집사 등을 통해 평판을 확인한다. 신학교 교수, 동기, 노회원, 친구 등을 통해 인간관계를 확인한다. 이때 사람과 사역에 대한 평가는 주관적일 수 있으므로 절대시해서는 안 되고, 최소한 두세 사람 이상의 의견을 청취하여 교차 검증한다.

나. 설교 – 가장 중요한 검증 항목은 설교다. 설교는 목사의 가장 중요한 직무다. 설교 평가 기준은 다음과 같다. 본문에 충실한가, 성경해

석은 정확한가, 신학과 교리가 건전한가, 적용은 적실한가, 언어사용은 적절한가, 모든 연령층을 고려하는가, 전달력, 태도, 시간, 찬송가 선정 등이다. 설교를 검증하기 전에 당회원과 청빙위원 스스로가 설교에 대한 분별력을 충분히 길러야 한다. 『설교, 어떻게 들을 것인가?』(손재익, 좋은씨앗, 2018)를 청빙위원들이 읽고 토론하여 정리하는 것도 좋다.

설교 평가 방식에는 직접 방문 청취, 유튜브 영상 청취, 후보자에게 설교 영상이나 설교문을 받는 방법 등이 있다. 후보자에게 직접 받는 경우, 최고의 설교를 보내오기 때문에 객관적 평가가 어렵다는 점을 고려해야 한다. 현장에서 듣는 방법이 가장 적절하다. 단, 설교 한두 편으로 설교의 능력을 판단해서는 안 된다.

직접 방문할 경우 누가 또는 몇 명이 갈지를 정한다. 방문할 때 조용히 참여하는 것이 좋다. 청빙을 목적으로 왔다는 사실이 드러날 경우, 후보자와 후보자가 시무하는 교회가 곤란할 수 있다.

신뢰할 수 있는 목사들에게 무기명으로 설교에 대한 평가서를 부탁하는 것도 한 방법이다.

청빙을 위해 부득이 설교를 평가하지만, 하나님의 말씀을 선포하는 행위를 평가하는 것은 조심스럽게 해야 한다.

다. 목회계획- 후보자가 보내온 목회계획을 검증한다. 성경적 가치에 충실한지, 본 교회에 적합한 내용인지, 현실적인지, 실행 가능한지,

미래지향적인지, 모든 세대를 아우르는지, 다음 세대를 고려하는지 등을 검증한다.

라. 가정생활– 목사의 가정생활을 확인한다. 성경이 명하는 내용이다. 가정을 잘 다스리지 못하면 하나님의 집인 교회를 잘 돌볼 수 없다(딤전 3:4–5; 딛 1:6). 후보자와 면담할 때 목사의 아내와 같이 면담하는 것도 고려할 수 있다. 목사 아내는 직분자가 아니고 특별한 직무를 맡은 것도 아니지만 한국교회 목회에서 목사 아내의 내조가 매우 중요한 부분을 차지하는 현실을 무시할 수 없다.

③ 3차 검증 (면접)

2차 검증을 통해 압축된 최종 후보자 군을 면접한다. 면접 방식, 시간, 주제를 미리 정한다. 면접 주제는 1, 2차 검증을 통해 확인된 내용에 근거하되, 예배, 설교, 영성, 목회계획, 성도와의 관계, 리더십, 세상을 보는 관점, 사적인 내용, 가족 관계 등이 포함될 수 있다. 면접 내용에 대한 자세한 사항은 부록을 참고하라. 3차 검증은 2차 검증 단계로 대체할 수도 있다.

7) 청빙 진행 상황 공지

청빙위원회는 청빙 진행 상황을 교인과 공유한다. 청빙 진행의 중요한 일정을 교인에게 공유하고 기도를 부탁한다. 청빙이 밀실에서 이루어진다는 느낌을 주지 않도록 한다. 그렇더라도 후보자에 관한 내용은 최종 결정 전까지는 알리지 말아야 한다.

8) 최종 후보자 선정 및 협의

청빙위원회가 최종 후보자 1인을 선정한다. 이를 당사자에게 알린다. 단순히 통보하는 것이 아니라 예의를 갖춰 정중하게 모셔 온다는 청빙의 정신을 따라 한다. 이때 청빙 후 제공할 주택, 생활비, 복지후생, 휴가 및 안식년 등에 대해 당사자와 협의한다. 목사 청빙 공동의회에서 가결되면 즉시 청빙서를 작성해야 하는데, 청빙서에 위 내용이 포함되기 때문이다. (청빙서에 대해서는 본 매뉴얼의 '청빙서 작성을 어떻게 할 것인가?' 장을 참고하라.) 청빙위원회와 당회는 청빙 과정을 진행할 때 어느 정도의 생활비와 편의를 제공할지를 미리 논의해야 한다. 청빙 대상자의 형편에 따라 달라질 경우도 있음을 인지해야 한다.

최종 후보에 들지 않은 이들에게는 전화 또는 메시지를 통해 즉시로 정중하게 그 사실을 알리고, 신상 자료는 청빙이 확정되면 가능한 빨리 폐기한다. 청빙에 응해 주어서 고맙다는 메시지 작성법은 부록을 참고하라.

9) 당회 보고

최종 후보자가 결정되면 청빙 절차 및 후보자에 관한 보고서를 작성하여 당회에 보고한다. 청빙위원회는 임시조직이기에 당회에 결과를 보고하면 그 직무가 끝난다.

제4장

청빙 대상자로 통보받은 목사가 할 일

최종 후보자 군 혹은 최종 후보자에 들어갔음을 공식적으로 통보받으면 목사는 어떻게 해야 할까?

목사가 어떤 교회로부터 청빙을 받는 것은 참으로 영광스럽고 두렵고 떨리는 일이다. 주님께서 자기 교회를 세우기 위해 나를 부르시고 인정하신 것으로 볼 수 있기 때문이다. 최종 확정까지는 하나님의 뜻을 기다려야 하지만, 하나님의 섭리하심이 있음을 알고 감사한 마음으로 겸손하게 이를 받아들이되 신중해야 한다.

현 시무교회와 청빙 하려는 교회 중에서 주께서 어느 교회의 봉사를 더 필요로 하시는지를 알기 위해 충분히 기도하며 숙고한다. 청빙하려는 교회가 압축한 후보들을 놓고 기도하고 숙고하는 것처럼, 청빙 후보가 된 목사도 주님의 뜻이 온전히 이루어지기를 바라는 심정으로 기도하며 숙고한다. 하나님의 뜻이라면 동일한 성령께서 청빙하려는 교회는 물론, 청빙 후보 목사에게도 동일한 확신을 주실 것이다.

참고로, 예장 고신 교회헌법은 목사와 교인 사이의 목양 관계를 염두에 두고 위임목사는 노회가 인정하는 특별한 경우를 제외하고는 5년 이내에는 위임한 교회를 사임하지 못한다(정치. 49조)고 규정한다.

1. 무엇을 고려하며 숙고해야 할까?

1) 현 시무교회
- 현 시무교회의 사역
- 현 시무교회의 상황과 과제
- 현 시무교회 교인의 기대

2) 청빙하려는 교회
- 청빙하려는 교회의 기대
- 청빙하려는 교회의 인적 구성(연령, 신급)
- 청빙하려는 교회의 지리적 위치
- 청빙하려는 교회의 역사

– 청빙하려는 교회의 현 상황과 과제

– 청빙하려는 교회가 지향하는 방향과 정책

– 청빙하려는 교회가 제공하는 생활비와 휴가 등 편의

2. 수락과 거절

위 내용을 숙고하여 기도한 뒤 수락 또는 거절을 결정하여 청빙하려
는 교회에 통보한다.

3. 수락할 때 무엇을 요청할 것인가?

자신의 목회 방침이나 목회적인 강조점 등을 알린다. 청빙하는 교회
가 자신에게 기대하는 것이 무엇인지 알려주기를 요청할 수 있다.

주택, 생활비, 복지후생, 휴가 및 안식년 등에 대해 청빙위원회와 협
의할 때, 수락하는 목사는 자신의 필요에 대해 적절히 알리고 협의한
다. 추후에 하려고 하기보다는 이때 하는 것이 가장 적절하다. 그렇지
않으면 오히려 더 불편할 수 있고 오해가 생길 수 있다.

제5장
당회, 공동의회, 노회 절차

청빙 절차는 당회, 공동의회, 노회 순으로 진행된다.

예장 고신은 이 절차와 관련해 몇 가지 예외를 두고 있다.

- 동일한 노회에서 전임목사와 부목사 이동 시는 노회 임원회의 결의로 이동하고 후에 노회에 보고한다(정치, 50조 2항).
- 전도목사, 군종목사 및 사역목사의 청빙은 그 해당 기관의 결의로 노회에 청원한다(정치, 50조 3항).
- 미조직교회 목사 청빙은 협조 당회원(목사 2인, 장로 2인)을 노회에 요청하여 처리한다(정치, 50조 4항).
- 위임목사 또는 전임목사가 은퇴할 시, 그 직계비속이나 배우자(사위)를 담임목사로 청빙할 수 없음을 원칙으로 한다(정치, 50조 5항).

1. 당회

개체교회에서 목사 청빙을 관장하는 법적 권한은 우선 당회에 있다. 당회가 아닌 청빙위원회가 구성되어 청빙을 결정했더라도, 당회의 최종 결의가 있어야 한다.

1) 당회 소집

청빙위원회가 최종 후보를 결정하면 (임시) 당회장은 속히 이 안건으로 당회를 소집해서 청빙위원회가 제시한 후보자를 두고 법적으로 최종 결정을 한다. 당회가 이 결정을 해야 해당 후보를 두고 목사 청빙 선출을 위한 공동의회를 소집할 수 있다. 공동의회를 소집할 권한은 장로교회에서는 무엇보다 당회에 있기 때문이다.

2) 보고와 토의

최종 후보를 결정하는 안건으로 당회가 모이면 청빙위원장(혹은 위원)이 당회 앞에 그동안 밟은 청빙 절차와 최종 후보자에 대한 소개와 선정 이유 등을 자세하게 보고한다. 또 당회원의 의견을 묻고 대답하며 토의한다. 혹시라도 최종 후보자에 대한 오해와 떠도는 부정적인 소문이 있다면 이 기회에 충분한 대화를 통해 오해를 푸는 것이 좋다. 이 과정을 충분히 거치지 않으면 공동의회에서 예기치 않게 최종 후보자에 대한 불필요한 소문을 근거로 교인들이 질문하고 이의를 제기할 수 있다.

토의가 어느 정도 되었다고 판단될 때 당회는 최종 후보자에게 결정적 이의가 없는 이상 청빙위원회의 결정을 그대로 받는 것이 좋다.

충분한 토론을 거쳤음에도 만약 당회원들의 의견이 조정되지 않고 하나로 모이지 않는다면 당회는 최종 결의 보류를 신중하게 검토해야 한다.

3) 결의와 공동의회 소집

당회가 최종 후보를 결정한 후에는 ○○○ 목사 청빙을 위한 공동의회 일시와 장소를 결정한다. 이 결정으로 비로소 당회가 마친다. 공동의회 소집 일시, 장소, 안건을 1주일 전에 공고해야 함을 염두에 두고서 결정한다. 이때 당회의 결의는 특별한 의결 요건이 없기에 다수결로 할 수 있다.

2. 공동의회

장로교 정치원리에 따라 목사는 다른 직분(장로, 집사, 권사)과 마찬가지로 반드시 공동의회에서 교인들이 직접 선출해야 한다.

1) 소집 공고

당회 결의에 따라 ○○○ 목사 청빙을 위한 공동의회 일시와 장소를 주보 또는 회중 앞에서 구두로 1주일 전에 공고한다. 이때 청빙하는 목사의 프로필이나 설교 등을 충분히 소개할 수 있다.

2) 회원 확인

공동의회(당회) 서기는 선거권이 있는 교인 명단을 확인한다. 공동의회 회원은 선거권이 있는 세례교인이나 입교인이다. 무단으로 6개월 이상 본 교회 예배에 참석하지 않으면 선거권이 중지된다.

3) 개회

공고한 일시와 장소에서 공동의회장은 기도로 개회한다. 이때 공동의회장은 목사 직분의 성격과 중요성에 관해서 설명한다.

4) 소개

청빙위원회나 당회를 대표해서 서기(필요하면 당회장이나 청빙위원회 위원장)가 청빙 경과와 청빙하는 목사에 관해 자세히 소개한다.

5) 의결 정족수와 투표

목사 청빙 의결 정족수는 '공동의회 참석회원' 2/3 이상이다. 다른 직분자 선출과 달리 목사 청빙 의결 정족수는 '투표수'가 아니라 '참석회원' 2/3 이상의 찬성표라는 점에 주목해야 한다.

기권, 백표, 무효표는 전체 참석회원 숫자에 포함한다. 기권은 참석하여 투표용지를 받았으나 투표하지 않은 것을 말한다. 백표(白票)는 참석하여 투표용지를 받아서 아무것도 기록하지 않고 투표한 것을 말한다.

공동의회장은 투표 직전에 위 내용을 상세히 설명하고 참석회원 숫자를 정확하게 확인하여 혼란이 없도록 해야 한다.

투표 전, 강하게 반대하는 소수의 교인이 있을 때 공동의회장은 그를 최대한 설득하여 투표하도록 하고, 적지 않은 수의 교인이 강하게 반대할 경우 공동의회장은 투표를 강행하지 않고 미루는 것이 좋다.

6) 청빙서 작성

가결되면 청빙서를 작성하여 세례교인 과반수 연명 날인한다. 편의상 공동의회 폐회 후 교회 형편에 따라 연명 날인할 수 있다.

7) 폐회

공동의회장의 기도로 폐회한다.

목사 청빙을 위한 공동의회 의장과 권한

목사 청빙을 위한 공동의회 의장은 다음과 같은 세 경우가 있다. ① 은퇴하는 현 당회장. ② 노회가 파송한 임시 당회장. ③ 공동의회 사회만을 위해 요청한 임시 당회장이다.

① 은퇴하는 현 당회장과 ② 노회가 파송한 임시 당회장은 사회권, 결의권, 선거권이 있다. ③ 노회가 파송한 것이 아니라 공동의회 사회만을 위한 임시 당회장은 사회권만 있다.

전임목사로 시무하는 목사는 본인의 위임목사 청빙을 위한 공동의회에서 사회할 수 없다. 본인에 관한 안건을 처리하기 때문이다. 이때 인근 교회 목사를 임시 당회장 및 임시 공동의회 의장으로 청하여 사회하도록 한다.

3. 노회

1) 청원

청빙서와 공동의회장의 의견서를 첨부하여 시찰회를 경유해서 해당 교회가 소속한 노회에 청원한다.

2) 청빙하는 교회가 속한 노회 결의

청원서를 접수 받은 노회는 결의한다. 결의가 이뤄지면 노회는 청빙 받은 목사가 속한 노회로 청빙 서류를 발송하여 청빙 조회(照會)한다. 단, 청빙받은 목사와 청빙하는 교회의 소속 노회가 같을 경우 이 절차는 생략한다.

3) 청빙받은 목사가 속한 노회 결의

청빙하는 교회가 속한 노회의 청빙 조회를 승인한다.

노회가 목사 청빙 승인을 거절할 수 있을까?

교회정치문답조례 612문답에 의하면 청빙 승인을 거절할 수 있는 권한이 노회에도 있다. 청빙하는 교회에서 제공하는 생활비가 충분하지 않거나 목사가 교리나 생활의 문제가 있는 등의 이유로 거절한 경우도 있었다.

4) 청빙서 교부

결의 직후 노회는 그 자리에서 청빙 받은 목사에게 청빙서를 직접 교부한다. 노회가 교회의 머리이신 주 예수 그리스도의 이름으로 청빙서를 공적으로 전달하는 엄숙한 시간이다. 서기에게 청빙서라는 서류만 받는 행정적인 절차로 평가절하해서는 안 된다. 청빙서 교부와 함께 노회장은 그를 위해 하나님의 복을 빌며 기도해야 한다.

제6장
목사 청빙 공동의회에 참여하는 교인의 자세

목사 청빙 공동의회는 단순한 회의가 아니라 하나님의 뜻을 교회가 확인하는 절차 중 하나다. 승천하신 예수님이 교회에 직분자를 선물로 주시는데, 교회가 이를 받는 일이다(엡 4:7-11). 하나님은 교인의 손을 사용하셔서 직분자를 교회에 세우신다.

그렇기에 청빙하는 교회 교인은 목사에 대한 하나님의 부르심에 적극적으로 기여해야 하므로 이를 소홀히 여겨서는 안 된다. 이는 인기투표가 아니며, 세상 정치인 선출과는 의미가 전혀 다르다. 교인은 기도하며 투표에 참여함으로 각 사람에게 주신 성령님을 의지하여 하나님의 뜻을 물어야 한다.

투표를 앞두고 목사에 대한 근거 없는 소문이나 목사의 사소한 결점을 부풀려 소문을 내거나 선동하는 일은 삼가야 한다. 소문에 대한 증거와 증인이 있다면 당회에 공적으로 알려서 처리한다(딤전 5:19). 제9계명 "거짓 증거하지 말라"는 가르침을 진지하게 생각해야 한다. 근거 없는 소문이나 부풀린 말은 해당 목사 개인이나 가족은 물론 교회에 큰 상처를 줄 수 있다.

목사 청빙 요건은 시대마다 지역마다 조금씩 달랐다. 제시하는 여러 요건이 비록 절대적인 것은 아니지만 나름대로 하나님의 뜻을 공적으로 확인하기 위해 교회들이 합의한 것이다. 현재 목사 청빙 요건은 '공동의회 참석회원 2/3 이상의 찬성'이다. 이 요건은 대부분 한국장로교회가 목사를 청빙할 때 하나님의 뜻을 확인하기 위해 채택해 왔다.

만약 투표 결과 부결되었을 때, 어떻게 해야 할까? 후보자 목사는 물론 투표에 참여한 교인 모두 주님의 뜻으로 알고 겸손하게 받아들여야 한다. 잠시 실망할 수 있으나 부결된 것으로 인해 특정인, 청빙위원회, 당회를 비난해서는 안 된다.

제7장
청빙서 작성을
어떻게 할 것인가?

1. 청빙서의 정의

청빙서(請聘書, Letter of Call)란 교회가 목사를 청빙할 때, 그 의사를 문서에 기록한 것이다. 청빙서에는 ①교회(회중)가 해당 목사를 청빙 하려는 이유 ②청빙할 목사를 위해 교회가 감당할 책임을 기록한다.

2. 청빙서에 기록해야 할 내용

청빙서의 양식은 교회법이 정해놓았다. 고신교회의 경우 다음과 같으며, 다른 교단도 비슷하다.

청빙서

_____ 귀하

OO교회 교인들은 귀하께서 목사의 재덕과 능력이 있어 우리 영혼의 영적 유익을 선히 나누어 주실 줄로 확신하여 귀하를 본 교회 OO목사로 청빙하오며, 겸하여 귀하께서 시무하는 기간에는 본 교인들이 범사에 편의와 위로를 도모하며, 주 안에서 순복하고, 주택과 생활비 월( )원 X 연(개월)를 드리기로 서약하는 동시에 이를 확실히 증명하기 위해 서명 날인하여 청원하오니 허락하심을 바랍니다.

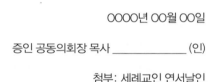

OOOO년 OO월 OO일

증인 공동의회장 목사 _____ (인)

첨부: 세례교인 연서날인

위 내용처럼, 청빙서에는 청빙 하려는 이유, 청빙할 목사를 위해 교회가 감당할 책임이 담겨야 한다.

① 청빙 하려는 이유

청빙서에는 해당 목사를 청빙 하려는 이유에 대해 '목사의 자격과 능력이 있으며, 목사의 사역이 교회에 유익할 것을 확신한다'는 내용이 담긴다.

교회법은 형식적으로 말하지만, 회중들은 목사를 청빙 하는 이유를 분명히 기억해야 한다. 목사는 교인 영혼의 영적 유익을 선하게 나눠주는 직분자다. 목사는 교인을 위해 기도하고, 말씀을 낭독하고, 설교하고, 가르치고, 성례를 거행하며, 교리를 교육하고, 찬송을 지도하고, 교인을 심방하고, 목양하고, 치리함으로써 영적 유익을 나눠주는 일을 한다. 청빙하는 교회는 이 사실을 알고 확신하되, 특별히 청빙하려는 목사에게서 영적 유익을 기대하는 마음으로 청빙서를 작성해야 한다.

② 교회가 감당할 책임

청빙서에는 청빙할 목사를 위해 교회(회중)가 감당할 책임이 담긴다. 교회가 감당할 책임은 크게 두 가지다. 영적 책임과 육적 책임이다.

영적 책임이란, 교회가 목사의 직무를 겸손하게 기쁘고 감사하는 마음으로 받고 순종하는 것이다. 목양 관계는 상호적이다. 목사가 사역할 때, 교인들은 그것을 기쁘게 받아야 한다. 먼저 교회는 청빙할 목사를 하나님께서 보내주신 목사로 받아야 한다. 비록 청빙의 과정을 거쳤지만, 목사직이 사람에게서 나온 것이 아니라 하나님의 부르심에 따른 것임을 믿어야 한다. 목자장(牧者長)이신 예수님(벧전 5:4; 히 13:20)께서 우리 교회를 목양하도록 보내신 '목자'임을 확신해야 한다(행 20:28; 엡 4:11). 목사가 영혼의 영적 유익을 나눠줄 것을 확신해야 한다(사 62:6;

겔 3:17; 33:1-9; 벧전 5:2). 목사의 가르침과 목양이 양 떼를 위함이라는 사실을 의심하지 말아야 한다. 목사가 말씀으로 가르치고 전파하고 교훈하고 지도하고 권면하고 격려하고 위로하고 훈계하고 책망하고 경고할 때, 진리로 받고 미쁜 말씀의 가르침을 그대로 지켜야 하며(딛 1:9), 주 안에서 순종하고 복종해야 한다(딤전 5:17; 벧전 5:5; 히 13:7, 17). 또한 목사가 수고할 때 격려하고 위로하고 도와주며 기도해야 한다. 청빙서에는 이러한 영적 책임이 담긴다.

육적 책임이란, 교회가 목사의 주택과 생활비, 사역에 필요한 편의를 제공해 주는 것이다. 목사는 한 사람의 생활인이요, 가족부양을 책임지는 가장이다. 목사는 다른 직업 없이 오직 목사직에만 헌신한 사람이다. 그러므로 주택과 생활비가 필요하다. 목사는 다른 직분자와 달리 삶 전체를 드려 헌신한다. 그렇기에 사역에 필요한 비용이 요구된다.

목사라 하여 적은 돈으로 살 수 있는 특별한 능력을 부여받지 않았으며, 목사라 하여 사회에서 특별한 할인 혜택을 적용받아 적은 생활비로 살 수 있는 존재가 아니다. 특히 목사의 직무는 다른 직업과 겸할 수 없는 막중한 일일 뿐만 아니라 많은 시간과 노력이 요구되는 직무이므로, 교회는 목사의 생계를 전적으로 책임져야 한다.

교회는 목사의 생활비만 아니라 사역에 필요한 편의도 제공해 주어야 한다. 목양실, 도서비, 목회비, 차량, 차량 유지비 등을 제공해 주어야 한다. 이 외에도 사택 관리비, 통신비, 접대비 등도 포함될 수 있는데, 이는 각 교회 형편과 목회 상황에 따라 달라질 수 있다.

목양실(서재)을 제공해야 한다. 목사는 기도와 말씀 사역에 전무하는 직분이므로 가족과 교인으로부터 방해받지 않는 공간이 필요하다. 적절한 크기의 목양실을 교회가 제공해 주어야 한다.

도서비를 제공해야 한다. 목사의 직무는 연구가 필요하다. 설교는 연구 없이 할 수 없다. 또한 성경, 교리, 신학뿐만 아니라 세상을 이해하기 위해 독서는 필수적이다. 이를 위해서 목사는 책을 구입해야 한다.[12] 이는 목사 개인을 위한 것이 아니라 교회를 위한 것이다. 그러므로 교회가 목사를 위해 도서비를 지급하는 것은 매우 적절하다. 호주의 어느 교회는 청빙받은 목사가 자신은 아직 목회경력이 오래되지 않아 도서가 빈약하기 때문에 자기가 청빙을 수락하게 되면 도서비를 상당히 올려주어야 한다고 요구했다. 이에 대해 당회는 이 요구를 매우 합리적인 것으로 판단하여 받아주었다.[34]

---

1 허순길, 『개혁교회의 목회와 생활』(서울: 총회출판국, 1994), 35; 찰스 H. 스펄전, 『스펄전 설교론』(원제: *Lectures to My Students*), 원광연 옮김 (고양: 크리스챤다이제스트, 2003), 277-279

2 스캇 마네치, 『칼빈의 제네바 목사회의 활동과 역사』, 신호섭 역 (서울: 부흥과개혁사, 2019), 220.

3 허순길, 『개혁교회의 목회와 생활』, 33.

4 John Aspinwall Hodge, *What is Presbyterian Law as Defined by The Church Courts?* (Philadelphia: Presbyterian Board of Publications, 18865), 배광식, 정준모, 정홍주 옮김, 『교회정치문답조례』(서울: 대한예수교장로회총회, 2011), 제792-793문답.

목회비를 제공해야 한다. 목회비는 목사가 직무를 수행하기 위해서 필요로 하는 비용이다. 목사의 직무는 보이거나 보이지 않게 비용을 필요로 한다. 그때그때 영수증을 제출해서 받을 수도 있겠지만, 그렇게 될 때 지나치게 사무적이고 업무적인 관계가 될 수 있으므로 일정액을 책정해서 줄 수 있다.

그 밖에 차량, 차량 유지비, 통신비, 접대비 등도 목회를 위해 필요한 비용이다. 차량 유지비, 통신비 등은 생활비에 포함 시킬 수도 있으니 이 또한 미리 확인하는 것이 좋다. 차량의 경우 기존에 소유하고 있는 차량이 있다면 그 차량을 그냥 사용할지 등도 확인하는 것이 좋다.

특주. 목사 생활비에 대한 성경과 교회사의 가르침

교회가 목사의 생활비를 책임질 의무는 성경에 근거한다. 갈라디아서 6:5는 "가르침을 받는 자는 말씀을 가르치는 자와 모든 좋은 것을 함께 하라"고 명령한다. 이 구절에서의 '말씀을 가르치는 자'는 말씀 봉사자인 목사를 의미하며, '가르침을 받는 자'는 교회 회중을 뜻한다. '함께 하라'는 '나누라'(share)는 뜻이다. 디모데전서 5:17-18은 "(17)잘 다스리는 장로들은 배나 존경할 자로 알되 말씀과 가르침에 수고하는 이들에게는 더욱 그리할 것이니라 (18)성경에 일렀으되 곡식을 밟아 떠는 소의 입에 망을 씌우지 말라 하였고 또 일꾼이 그 삯을 받는 것은 마땅하다 하였느니라"라고 명령한다(신 25:4; 눅 10:7; 고전 9:9-10). 17절 뒷부분에서 설명하는 '말씀과 가르침에 수고하는 이들에 대한 존경'은 18절에서 구체적으로 나타난다. 말씀과 가르치는 일에 전념하는 이의 입에 망을 씌워서는 안 된다. 이 말씀은 신명기 25:4의 율법에 근거한 것인데, 고린도전서 9:9-10의 말씀대로 소들을 위한 말씀이 아니라 복음 사역자를 염두에 둔 말씀이다. 그러므로 "일꾼이 그 삯을 받는 것이 마땅"한 것처럼(눅 10:7), 말씀 사역자는 교회로부터 생활비를 제공 받아야 한다. 또한 바울은 고린도전서 9:4에서 "우리가 먹고 마실 권리가 없겠느냐"라고 한다. 고린도전서 9:14에서는 "복음 전하는 자들이 복음으로 말미암아 살리라"라고 한다.

종교개혁자 하인리히 불링거(Heinrich Bullinger, 1504-1575)가 만든 '제2스위스 신앙고백서'(the Second Helvetic Confession) 제18장 '교회의 사역자와 제도와 의무에 관하여'는 마지막 부분에서 이렇게 가르친다. "모든 신실한 사역자들은 선한 일꾼으로서 일의 대가를 받아 마땅하다. 그들이 생활비나 자신과 가족의 생활에 필요한 모든 것을 받았다고 해서 죄가 되는 것이 아니다. 왜냐하면 사도는 고린도전서 9:14와 디모데전서 5:17-18 등과 같은 곳에서 교회가 생활비를 제공하고 사역자가 받는 것은 당연하다고 말하기 때문이다."

이러한 성경과 교리의 가르침에 따라 말씀 봉사를 위해 살아가는 사람은 먹고 마실 권리가 있고, 가르침을 받는 이들로부터 공급받아야 하니, 교회는 목사의 생활비를 책임져야 한다.

이러한 원리에 따라 역사적으로 교회는 목사를 위해 주택과 생활비를 제공했다. '목사 사택'은 고유명사로 '목사관'(牧師館, parsonage)이라 불렀다. 교회에서 목사가 기거하도록 마련해 주는 집을 뜻한다. 목사는 그 직의 특성상 시무지를 이동할 일이 많기에 스스로 자기 집을 마련하기 어려우므로 교회는 인간의 필수 요소인 의식주(衣食住) 가운데 '주'(住)를 해결해 준다.

제네바 시의회가 장 칼뱅을 청빙했을 때, 생삐에르 교회당으로부터 200걸음 정도 되는 곳에 사택을 마련해 주었다.[5]

1766년 미국장로교회의 뉴욕 필라델피아 대회는 "모든 목사는 대지, 편리한 집과 필요한 물품을 제공 받아야 한다"고 결정했다. 이후 1782, 1783, 1799, 1843, 1872년 총회와 그 이후의 여러 총회에서 동일한 결정을 확인했다. 특히 1864년 총회는 "목사와 가족을 위해 사택을 제공하는 것은 교회의 중요한 의무이며 동시에 더이상 지체할 수 없는 사안이다"라고 했다.[6]

1854년 미국 북장로교 구파 총회는 "각 교회의 목사가 충분하고도 적절하게 생활비를 받는지 살피라"고 결의했고, "노회는 목사 자신들이 목사 생활비에 관한 설교를 하고 있는지 알아보아야 한다"고 요청했다.[7]

목사직에 합당하지 않게 지나치게 많은 생활비를 제공하는 것은 바람직하지 않다. 이는 성도들에게 위화감을 주고, 세상 앞에 조롱거리가 될 수 있다.

---

5 스캇 마네치, 『칼빈의 제네바 목사회의 활동과 역사』, 신호섭 역 (서울: 부흥과개혁사, 2019), 220.

6 John Aspinwall Hodge, *What is Presbyterian Law as Defined by The Church Courts?* (Philadelphia: Presbyterian Board of Publications, 18865), 배광식, 정준모, 정홍주 옮김, 『교회정치문답조례』(서울: 대한예수교장로회총회, 2011), 제792–793문답.

7 『교회정치문답조례』, 제605문답.

반대로 지나치게 적은 생활비를 제공하는 것 역시 바람직하지 않다. 목사가 충분한 생활비가 없어서 생활이 곤궁하다면, 자신의 사역에 충실하기 어렵다. 목사가 궁핍하여 세상 근심과 염려로 마음이 무거울 때, 그에 대한 손해는 목사와 그 가족만 아니라 교회와 교인에게 돌아간다(히 13:17). 교회가 목사의 생활을 책임지는 것은 한편으로 목사를 위함이지만, 궁극적으로는 목사의 직무가 미칠 교회를 위함이다. 뿐만 아니라 세상은 최저임금과 최소생계비가 있는데, 교회가 그에 미치지 못하는 생활비를 주는 것은 바람직하지 않을 뿐만 아니라 개인과 그 가정과 목사직에 대한 예의가 아니다.

종교개혁자 장 칼뱅은 "목사의 생활비를 교회가 경시하는 것은 곧 하나님을 조롱하는 것이다"라고 했다.[8] 또한 디모데전서 5:17을 주석하면서, "사탄은 신실한 목회자를 교회로부터 빼앗아 가서 하나님의 말씀을 파괴하려 한다. 이 목적을 성취하기 위한 사탄의 전략 가운데 하나는 설교자가 되려는 사람들을 가난과 굶주림이라는 무시무시한 공포로 두려워하게 만드는 것이다."라고 했다.

1811년 미국 북장로교 구파 총회는 "교회가 목사에게 생활비를 인색하지 않게 지급하는 것이 교회의 의무다"라고 했다.[9]

그러므로 교회는 목사를 위한 합당하고 상식적인 생활비를 제공해 주어야 한다. 이를 청빙서에 명확히 제시해야 한다.

---

8 K. de Gier, *De Dordtse kerkorde. Een praktische verklaring* (Houten, 1989), 71의 것을 대한예수교 장로회(고신) 총회 헌법해설 발간위원회, 『헌법해설: 예배지침/교회정치/권징조례』(서울: 총회출판국, 2018), 교회정치 제216문답에서 재인용.
9 『교회정치문답조례』, 제601문답.

제7장 청빙서 작성을 어떻게 할 것인가?

3. 청빙서에 대한 노회의 직무

교회는 청빙서를 목사에게 직접 전달하지 않고 노회로 보낸다. 이는 목사 청빙에 있어서 노회의 직무가 중요하기 때문이다. 노회는 전달받은 청빙서를 자세히 살펴야 한다. 해당 노회의 다른 목회자에 비해 지나치게 많은 생활비를 제시하지는 않는지, 지나치게 적은 생활비를 제시하지는 않는지 살펴야 한다. 만약 합당한 생활비가 아닌 경우, 노회는 그 교회에 생활비를 조정해서 다시 제출할 것을 요구할 수 있다. 그래도 응하지 않으면 청빙서를 반려해야 한다. 노회는 청빙서 교부를 거절할 권한이 있다.

1885년 미국 장로교회의 구파 총회는 교회와 목사가 완전히 서로 만족할지라도 생활비가 불충분하기 때문에 노회가 청빙서를 인정하지 않은 적이 있다.[10][11]

1911년 조선예수교장로회 제5회 독노회는 "목사 청원하는 교회가 월 15원 이상 되지 못하면 청원치 못할 것이요, 할 수 있는 대로 20원 이상으로 힘써 권면할 일"이라고 결정했다.

1921년 조선예수교장로회 제11회 경남노회록에는 "월 30원 이상 받는 조사(助事)는 노회에서 상관하고 그 이하 받는 것은 허락하지 않기로 결정하다."라고 해서, 담임 전도사에 해당하는 조사의 생활비에 대해

---

10 『교회정치문답조례』, 제605문답.
11 『교회정치문답조례』, 제612문답.

서 노회가 관여하였으며, 지나치게 적은 생활비를 주고 청빙하는 것은 허락하지 않았다.

부임 이후에도 노회는 목사가 충분하고도 적절한 생활비를 받고 있는지를 살펴야 한다. 1854년 미국 북장로교 구파 총회는 "각 교회의 목사가 충분하고도 적절하게 생활비를 받는지 살피라"고 결의했다.[12][13]

4. 현실과 제안

고신 교회헌법을 비롯한 국내 장로교 헌법에 실린 청빙서는 J. A. 하지의 『교회정치문답조례』 제600문을 기초로 한다. 하지만 내용이 지나치게 간단하고 모호하다. 단순하게 주택과 생활비 월(_____)원 X 연(____개월)를 드리기로 서약한다고 언급할 뿐이다. 처음 정한 생활비를 은퇴할 때까지 주겠다는 것인지, 생활비 이외의 부분은 어떻게 하겠다든지, 은퇴 이후의 생활비는 어떻게 할 것이라든지의 내용이 없다. 결국 여러 부작용과 갈등을 발생하게 만든다. 이러한 현실은 이제 바꿀 필요가 있다. 좀 더 구체적인 내용이 담겨야 한다.

목사와 교회의 관계가 잘 이루어져 있다면 굳이 매월 인상의 폭을 규정할 필요는 없다. '교회가 목사의 생활을 책임져야 한다'는 정신만 분명하다면, 너무나 당연히 물가상승률이 반응되어야 하고, 목사의 연

---

12 K. de Gier, *De Dordtse kerkorde. Een praktische verklaring* (Houten, 1989), 71의 것을 대한예수교장로회(고신) 총회 헌법해설 발간위원회, 『헌법해설: 예배지침/교회정치/권징조례』(서울: 총회출판국, 2018), 교회정치 제216문답에서 재인용.
13 『교회정치문답조례』, 제605문답.

령 증가와 목사 자녀의 성장을 고려해야 한다. 그에 따라 적절하게 인상해 주어야 한다. 하지만 목사와 교회의 관계가 원만하지 않을 경우 복잡한 문제가 생긴다는 측면에서 인상의 폭을 미리 정하는 것도 하나의 방법일 수 있다.

네덜란드 개혁교회의 목사 청빙서는 생활비에 대해 구체적이고 분명하다. 최초 청빙할 때 얼마의 생활비를 지불하겠다는 것을 명시할 뿐 아니라, 앞으로도 어떤 기준에서 지불할 것인지를 밝힌다. 이사 비용에 대해서도 구체적이다. 목사 본인과 가족 그리고 목사에게 귀속된 모든 물건들의 이사 비용을 교회에서 제공하겠다는 것을 청빙서에서 분명히 밝히고 있다.

미국 기독개혁교회(CRC)의 청빙서 역시 매우 구체적이다. 목사관 (parsonage), 사택 관리비, 사택 전화, 휴가 기간, 건강보험, 치과보험, 휴대전화 비용, 접대비 등을 구체적으로 기록한다.

이러한 점을 참고하여 한국교회의 청빙서 역시 좀 더 구체적일 필요가 있다. 지나치게 사무적인 관계를 지양하는 범위 안에서 말이다.

특히 오늘날 주택 비용의 과도한 상승으로 인해 교회가 사택을 마련하기 어려울 경우, 주택 비용을 어떻게 보조할 것인지 등에 대해서도 기록할 수 있고, 은퇴금 적립과 은퇴 이후 주택과 생활비에 대해서 어떻게 할지도 미리 정하면 좋다.

본 매뉴얼은 다음과 같은 청빙서를 제안한다.

청빙서

_____ 귀하

    OO교회 교인들은 _____ 귀하께서 목사의 자격과 능력을 갖추신 분으로, 기도와 말씀과 성례와 가르침과 권면과 목양과 치리를 통해 우리 영혼의 영적 유익을 주실 줄 확신합니다.

    이에 본 교회 위임(전임, 부)목사로 청빙하길 원합니다.

    우리교회는 _____ 귀하를 우리교회의 목사로 보내주신 목자장 예수님의 뜻을 따라 직무를 행할 때 겸손하고 기쁘고 감사함으로 받고 지키고 순종하고 복종할 것입니다. 또한 모든 일에 있어서 격려하고 도우며 기도할 것입니다.

    또한 본 교회에서 시무하는 동안 생활과 사역을 위한 교회의 책임을 아래와 같이 감당할 것임을 서약합니다.

    이를 확실히 증명하기 위하여 서명 날인하여 청원하오니 허락해 주시기 바랍니다.

    －아 래－

1) 생활비 － 월 OOO 만원 (매년 1회 인상)

2) 주택 － 구체적인 내용

3) 주택 관리비－ 실비

4) 차량– ○○○○

5) 차량 유지비– 실비

6) 휴양비 – 명절(설, 추석) 및 여름 휴가

7) 목회활동비 – 월 ○○ 만원

8) 도서비 – 월 ○○ 만원

9) 자녀교육비 – 월 ○○ 만원 (상승폭)

10) 국민연금 – 국가가 정한 기준

11) 건강보험료 – 국가가 정한 기준

12) 퇴직(은퇴) 적립 – 생활비의 ○○%

○○○○년 ○○월 ○○일

증인 공동의회장 목사 _____ (인)

첨부: 입교인 연서날인

제8장
노회 가결 후
부임 시까지의 절차

노회가 청빙을 가결하여 청빙서를 목사에게 교부하면 행정절차는 모두 끝난다. 이제 목사가 부임하여 시무를 시작할 때까지의 기간이 남아 있다. 이 기간은 짧으면 1~2주, 길면 수개월일 수도 있다. 이 기간 동안 교회와 목사는 각각 무엇을 준비해야 할까?

1. 교회가 할 일

1) 청빙위원회 해산

청빙위원회를 해산한다. 청빙에 수고한 이들을 격려한다.

2) 부임 준비

신임 목사의 부임을 준비한다. 당회와 제직회는 주택, 목양실, 차량, 이사 등 필요한 것이 무엇인지를 점검한다.

3) 부임 준비를 맡을 사람을 임명

당회와 제직회는 신임 목사의 부임 준비를 맡을 사람을 임명한다.

4) 주택 준비

은퇴 혹은 사임한 목사가 목사관에서 이사한 뒤, 주택을 정리한다. 인테리어나 도배 등 필요한 상황에 따라 적절히 주택을 정리한다. 목사와 가족이 생활하기에 불편함은 없는지 살핀다.

전임 목사가 없는 경우나 새로운 주택을 마련할 경우, 목사 가족이 생활하기에 적절한 규모인지, 교회당과의 거리가 멀지 않은지, 목사 자녀의 학교 문제 등을 살펴 적절한 주택을 마련한다.

5) 목양실 준비

목양실을 정리한다. 은퇴 혹은 사임한 목사가 떠난 이후 깨끗이 정리한다. 기존의 목양실이 없는 경우 교회당 구내나 교회당 및 목사관에서 가까운 곳에 적절한 목양실을 구한다.

목사가 연구와 기도에 전념하기에 불편함은 없는지 살핀다. 교인이나 손님을 접대할 공간은 충분한지를 살핀다.

신임 목사에게 물어서 목양실에 필요한 컴퓨터, 책장, 그 밖의 필요한 물품은 없는지를 확인하고 조율하여 준비한다. 목사의 장서가 어느 정도인지도 확인하여 적절한 크기의 목양실인지를 점검한다. 묵상과 생각을 하기 위해서는 너무 좁은 곳이 아니어야 한다. 좁은 곳에서는 창의적인 생각이 나오기 어렵다.

6) 차량 및 기타 필요한 내용 준비

교회가 목사에게 차량을 제공하기로 했다면, 차량도 준비한다.

그밖에 신임 목사가 필요로 하는 것을 적절히 준비하고 제공한다.

7) 이사 준비

이사 날짜를 협의하여 조정하고, 이사비를 준비한다.

2. 목사가 할 일

1) 시무 사임

현재 시무 중인 교회에 청빙 사실을 알린다. 교회 사임을 준비한다. 사임 시 교회와의 헤어짐에 있어서 껄끄러움이 없도록 주의한다. 교인과의 관계를 잘 정리하고, 새로운 목회자를 청빙하여 새로운 목양 관계를 가질 수 있도록 격려한다.

2) 필요한 물품 등을 알림

부임할 교회에 자신이 필요로 하는 부분을 분명하게 알린다. 부임하기 전, 또는 부임 초기에 필요를 알리는 것이 좋다.

3) 교회 형편 파악

청빙 받은 교회의 형편을 파악할 수 있는 자료를 요청한다. 교인 명부가 있는 요람을 얻는 것이 좋다. 교회 역사를 살핀다. 필요하다면 양해를 구하고 당회록을 미리 살펴볼 수도 있다. 교회가 위치한 지역을 찾아가서 주변 현황을 살피는 것도 도움이 된다.

4) 기도 및 연구 기간 요청

현 사역지에서의 목회로 인해 몸과 마음이 지쳐 있을 수 있다. 이를 위해 잠시 휴식이 필요할 수도 있다. 청빙 받은 교회의 상황이 급하지 않다면, 양해를 구하고 약간의 쉼을 가질 수 있도록 요청하는 것도 좋다.

또한 기도 및 연구 기간이 필요한 경우 청빙 받은 교회에 일정 기간의 공백이 필요함을 알리고, 기도의 시간을 가질 뿐 아니라, 부임 후 몇 주간의 설교를 미리 준비할 수도 있다.

5) 이사 준비

부임하는 교회와 협의하여 이사 날짜를 조정하고 이사를 준비한다. 자녀들의 학교 전학 문제 등도 살핀다.

목사는 어떤 경우에 교회를 사임할 수 있는가?

1. 부르심과 목사 직분

목사를 비롯해 모든 직분자는 하나님의 부르심(召命)에 기초하여 직분을 맡는다(렘 14:14; 요 3:27; 롬 10:15; 히 5:4; 웨스트민스터 대요리문답 제158문). 하나님의 부르심은 내적 부르심과 외적 부르심으로 나뉜다.

내적 부르심(internal calling)은 목사로 섬기고자 하는 마음 깊은 갈망이다. 말씀과 교리를 가르쳐 지키게 하고, 성례를 집례하며, 예배를 인도하고, 교회를 다스림으로써 교회와 하나님 나라를 섬기고자 하는 열망이다(딤후 1:6). 외적 부르심(external calling)은 교회의 청빙이다. 회중의 선택이다(행 14:23). 이 중 하나 혹은 둘 다 사라질 때 목사는 사임 혹은 사직할 수 있으며, 해야 한다.

직분은 은사(恩賜, gift)—교육—소명(召命, calling)—임직(任職, ordination)—직분(職分, officer)—직무(職務, office)가 서로 연결되어야 한다. 은사가 있어도 소명이 없으면 직분을 수행할 수 없고, 은사가 있어도 소명과 직분이 없으면 직무를 수행해서는 안 되며, 직분은 반드시 직무로 나타나야 한다. 이 원리는 목사의 임직, 위임, 사임, 사직에 적용된다.

2. 함부로 사임할 수 없다

교회의 머리이신 그리스도와 교회의 권위에 따라 세워진 목사는 함부로 사임 및 사직할 수 없다.

목사는 그리스도와 노회로부터 위임받아 말씀과 성례와 치리를 맡았다(딤전 4:14). 하나님께서 맡기신 양 떼를 목양하도록 부름받았다(행 20:28; 벧전 5:2-3). 그러므로 목자장 예수님께서 친히 맡기신 양무리를 함부로 내팽개쳐서는 안 된다(벧전 5:4; 히 13:20).

목사직을 함부로 버려서는 안 된다. 이례적이고 중대한 이유 없이 목사 직분을 버리고 다른 직업으로 옮겨서는 안 된다(렘 17:16).

한 개체교회의 부름을 받은 목사는 그 교회에서의 부름을 신중히 여기고 함부로 그만두거나 다른 곳으로 이동해서는 안 된다.

목사직을 수행할 때 어려움과 역경은 필연적으로 동반한다(딤후 3:12). 그럴 때라도 목사직의 고귀한 가치를 생각하고, 그 직분으로 부름 받았을 때를 항상 기억하며 인내해야 한다. 교인들의 반대나 핍박이 있더라도 인내해야 한다. 복음을 전하고, 바른 교훈으로 권면할 때, 연약하거나 불신앙적인 교인들이 말씀을 거역하거나 전하는 자를 반대하고 핍박하기도 한다(렘 26:8-9; 29:19; 마 23:34-35). 그럴 때라도 목사는 하나님께서 친히 보내신 사자(使者)라는 사실을 기억하며 끝까지 견디며, 반대하는 사람들을 온유함으로 훈계해야 한다(딤후 2:25; 4:2-5). 목사는 임직할 때, 웨스트민스터 정치모범과 교회법에 근거하여 "어떤 핍박이나 반대를 당할지라도 인내하고 충심으로 복음 진리를 보호하며, 교회의 성결과 화평을 힘써 도모하여 근실히 사역하기로" 서약했다. 이 서약은 목사직을 마칠 때까지 지켜야 한다.

3. 사임할 수 있는 경우

그럼에도 불구하고 다음과 같은 경우 사임할 수 있다.

1) 교회법이 정한 정년(停年) 은퇴

교회법은 정년을 정해 놓았다. 사람은 나이가 상당한 정도에 이르면 지성과 건강이 감퇴한다(고후 4:16). 그로 인한 노쇠함은 목사직의 막중한 직무를 수행하기 어렵기에 교회법은 목사직의 연령 한계를 정해 놓았다. 목사는 정년이 되었을 때 교회법을 존중하는 마음으로 목사 시무를 사임하고 은퇴해야 한다(딤후 2:5).

제9장 목사는 어떤 경우에 교회를 사임할 수 있는가?

2) 건강상의 이유

건강은 부르심을 확인하는 시금석 중 하나다. 목회를 감당하기 어려울 정도의 건강 상태에 이르면 시무를 사임하거나 목사직을 사직해야 한다.

만일, 일시적인 건강 문제 혹은 요양으로 회복될 수 있을 정도일 때는, 교회나 노회의 허락을 받아 일정 기간 휴양기간을 가질 수 있다. 그 정도를 넘어선 경우 교회와 자신을 위해서 사임 혹은 사직하는 것이 좋다.

4. 사임을 고려해야 할 상황

다음의 경우 사임을 고려할 수 있다.

1) 다른 교회의 청빙이 있을 때

목사가 다른 교회의 청빙을 받으면 사임을 고려할 수 있다. 이때 청빙을 받는다는 말은 청빙위원회의 접촉이나 심지어 최종 후보가 되었다는 것을 의미하는 것은 아니다. 공동의회와 노회의 허락까지 모두 끝난 것을 말한다.

목사는 다른 교회의 청빙을 하나님의 부르심으로 생각하되, 현 교회에서의 부르심이 여전하므로 심사숙고하며 기도한 후 결정해야 한다.

현 시무지보다 회중이 많고 재정이 더 여유롭고, 좋은 지역으로의 이동만 하나님의 부르심으로 생각한다든지, 하는 것은 "부름 받아 나선 이 몸 어디든지 가오리다"는 고백에 어긋난다.

2) 교회와 목사의 갈등이 회복 불가능할 때

목사직을 수행하다 보면 장로나 교인들과 갈등할 수 있다(딤후 3:12). 이때 목사는 인내해야 한다(딤후 2:24). 만일 그 갈등이 진리 문제라면 더더욱 인내해야 한다. 교인들이 바른 교훈을 받지 않으며 자기 사욕을 따를 스승을 두려고 할 경우가 있기 때문이다(딤후 4:2-5). 구약 선지자들은 반대와 핍박에도 불구하고 인내했다.

진리 문제가 아니더라도 목사와 교인의 관계는 함부로 해제해서는 안 된다. 『교회정치문답조례』 제660문답은 "사소한 이유로 인하여 목양 관계를 해제할 수 있는가?"라는 질문에 대해 "담임목사와 교인 사이의 목양 관계는 중대한 이유 없이 경솔하고 조급하게 깨뜨려서는 안 된다. 목사와 교인 간의 목양 관계는 영구적인 것으로 목사의 선한 영향력은 해를 거듭할수록 더해진다. 불화가 있을 경우 무엇보다 오랫동안 인내해야 한다."라고 답한다.[14][15]

진리 문제가 아니면서 장기간 갈등이 회복되지 않을 때는 부르심을 고민할 수 있다. 모든 갈등마다 목사에게 책임이 있는 것은 아니지만,

---

14 『교회정치문답조례』, 제660문답.
15 『교회정치문답조례』, 제601문답.

제9장 목사는 어떤 경우에 교회를 사임할 수 있는가?

목사 한 사람의 사임으로 해결될 수 있는 문제라면, 목사는 고요히 주님의 뜻을 찾아야 하며, 하나님의 영광과 전도에 저해되는 일이 없도록 용단을 내려 사임함이 현명하다. 목사 한 사람 때문에 교회가 불안 중에 지내서는 안 된다.[16] 이때도 임의대로 사임하는 것이 아니라 노회의 권고를 따라야 한다.

목사가 사임한다고 해결될 문제가 아닌 경우, 목사는 고난을 받으며 전도자의 일을 하며 직무를 다하고 인내해야 한다(고전 4:2; 딤후 4:5). 나아가 교회의 성결과 화평을 힘써 도모하고(히 12:14), 화평의 하나님께서 해결해 주시기를 기도해야 한다(고전 14:33).

3) 내적 부르심이 없다고 느껴질 때

목사로서 섬기려는 내적 부르심이 장기간 사라질 때 목사는 사임 또는 사직할 수 있다.

4) 사역에 한계를 느낄 때

목사가 최선을 다했으나 사역에 진보가 없을 경우 목사는 사임을 고려할 수 있다. 목사와 교회가 맞지 않을 수도 있으며, 하나님의 다른 뜻이 있을 수 있다. 바울은 비두니아로 가서 복음을 전하려 했으나 성령께서 허락하지 않으심으로 결국 마게도냐로 갔다(행 16:6-10).

---

16 박윤선, 『헌법주석』(서울: 영음사, 1983, 2005), 63.

5) 개인과 가정의 이유로

목사는 교회를 소중히 여겨야 하지만, 자기 자신과 가정도 중요하다. 그러므로 개인과 가정에 덕이 되지 않을 경우 심각하게 고민하여 사임할 수 있다.

5. 사임과 사직의 차이

사임(辭任)은 현 시무에서 물러나는 것이다. 시무하던 교회의 목사직을 그만두는 것으로, 목사 직분 자체는 여전하다.

사직(辭職)은 목사직 자체에서 물러나는 것이다. 사직한 목사는 교인의 신분으로 돌아가는 것으로서, 사직한 이가 다시 목사직에 복직하기 위해서는 교회법이 정한 절차를 따라야 하며, 복직이 허락되면 임직 때와 같은 서약을 해야 한다.

사임을 하더라도 사직하지 않을 수 있다. 사임과 더불어 사직할 수도 있다. 더 이상 목사직을 감당할 수 없을 때는 사직하는 것도 나쁜 일이 아니다. 한 번 목사가 되었다고 해서 모든 목사가 일평생 목사로 살아야 하는 것은 아니다. 목사는 명예가 아니라 교회의 직분이며, 모든 목사는 원래 교인이었다.

6. 사직을 고려해야 할 상황

목사직이 영구히 불변하는 것은 아니다. 내적 외적 부르심이 사라졌을 때, 그 기간이 상당히 흘렀을 때, 하나님께서 자신을 목사로 부르신 것이 아니라 다른 직분자(장로, 집사) 혹은 교인으로 살도록 부르셨다고 생각하여 사직할 수 있다.

여러 사역지를 섬기면서 목사로서의 은사가 부족함을 스스로 느끼거나 다른 사람들의 입을 통해 증명될 때 목사직의 사직을 고려할 수 있다. 목사가 될 때 개체교회의 청빙을 통해 부르심이 확인되었듯이, 심신이 건강하고 은사가 충분함에도 5년 이상 부르심이 없다면, 사직할 수 있다. 은사와 부르심이 장기간 없음에도 불구하고 목사직에 집착할 필요는 없다. 목사는 명예가 아니라 교회를 위한 직분이다. 그러므로 그런 경우 목사직을 더 이상 탐내지 말고 사직하는 것이 옳다.[17] 노회 역시 그런 목사에 대해서는 사직을 권고해야 한다. 사직한 목사는 교인의 신분으로 돌아가 다른 직업을 갖고 생활하면서 개체교회에 속하여 교인으로서 목양을 받는 것이 자신과 가족의 영혼에 더욱 유익하다.

7) 사임 및 사직 절차

목사는 사직을 고려할 때와 정년 은퇴 이외의 이유로 사임을 고려할 때, 가까운 동료 목사나 선후배 목사와 의논할 필요가 있다. 이후 확신하게 되었을 때조차 자신의 임의대로 시무를 그만둘 수 없고, 다른 교

---

17 박윤선, 『헌법주석』, 65.

회의 청빙에 응할 수 없다. 목사를 비롯한 모든 직분자는 개인의 자유로운 의사만으로 사임 또는 사직할 수 있는 것이 아니다. 노회나 당회 등의 치리회의 최종 결정이 필요하다. 이는 직분이 교회의 머리이신 그리스도로부터 왔기 때문이며 치리회는 그리스도의 머리 되심을 드러내는 영적 기관이기 때문이다.

제10장
교회는 목사가 사임하려 할 때 어떻게 해야 하는가?

1. 목양 관계의 엄중함

목사와 교인의 관계, 즉 '목양 관계'(pastoral relation)는 교회의 머리요 양의 큰 목자요 목자장이신 예수 그리스도로부터 온다(벧전 5:4; 히 13:20). 목사는 "내 양을 치라" "내 양을 먹이라"(요 21:16-17)는 그리스도의 위임을 받아 개체교회를 목양한다. 이 관계는 날이 갈수록 깊어진다.

그렇기에 목양 관계는 함부로 해제할 수 없다. 중대한 이유 없이 경솔하고 조급하게 깨뜨려서는 안 된다.[18] 목사는 교인을 주님께서 맡기신 양으로 여기며 모든 사람에 대해 온유하되(딤후 2:24. 사랑으로 양육해야

---

18 『교회정치문답조례』, 제660문답.

한다. 교인은 목사를 '목자'(pastor; 행 20:28; 엡 4:11)로 여기고 존중해야 한다(딤전 5:17). 당회는 특히 목사의 목회를 방해하는 교인은 없는지 평소에 살펴야 한다(참조. 행 20:28-30; 딤전 4:12; 5:18).

목사가 아무리 훌륭해도 교인이 따르지 않거나, 교인이 아무리 훌륭해도 목사가 별로이면 교회는 바로 세워지지 않는다. 좀 부족해도 목사와 교인이 서로 돕고 협력하면 교회가 바르게 세워질 수 있다.[19]

교인은 목사에게 청빙서를 제출할 때와 위임식에서 하나님 앞에서 서약할 때, 약속한 대로 목사를 위해 기도하면서 열심히 돕고, 가르침과 치리에 순종해야 한다.

2. 목사가 사임하려 할 때 교회가 할 일

목사는 교회를 함부로 사임해서는 안 된다. 그럼에도 목사가 사임하려는 의사를 교회(당회)에 밝혔을 때, 교회(당회)는 어떻게 해야 하는가? 사임을 덜컥 수락하는 것은 합당하지 않다. 담임목사가 자주 바뀌는 것은 교회에 아무런 유익이 없다. 목사의 사역은 시간을 더할수록 더욱 탄탄해진다. 목사가 자주 바뀔 때 교회는 가르침을 받는 일에 혼선이 생기고, 말씀을 깊이 알아가는데 지장을 받는다.

사임 의사를 들었다면 그 이유를 최대한 살펴야 한다. 목사는 사임하기까지 여러 고민과 내적 갈등의 시간을 갖는다. 이때 그 내용을 일

---

19 임택진, "갈등 없는 목회, 바른 목회", 《목회와 신학》, 1990년 5월호, 77.

일이 말하기 어렵다. 그러므로 사임 의사를 밝혔을 때는 그 이유를 청취할 필요가 있다. 합당한 이유가 없을 경우 마음을 돌이키도록 권면해야 한다. 목사의 판단도 바뀔 수 있다. 교회가 설득하여 사임을 만류한 경우가 적지 않다.

사임 이유가 건강 때문일 경우 교회는 건강이 회복될 수 있도록 물심양면으로 도울 필요가 있다. 가능하다면 일정 기간의 휴양 기간을 주는 것도 좋다. 어느 교회는 목사가 탈진(burn-out)하여 우울증을 앓았는데, 교회의 적극적인 지지로 회복하여 은퇴할 때까지 목회를 잘 감당했다.

사임 이유가 목사와 교인 몇 사람과의 갈등일 경우, 그 갈등을 해결할 수 있도록 도와야 한다. 부부간에도 갈등이 있는데 목사와 교인의 갈등은 얼마든지 있을 수 있다. 그러므로 선뜻 헤어지려고 하기보다는 갈등을 해결하기 위해 노력해야 한다. 교회는 갈등과 분쟁을 극복하는 공동체지, 갈등과 분쟁을 불신앙적인 방법으로 외면하는 공동체가 아니다. 그밖에 교인 중에 목사에 대한 거짓 소문을 퍼뜨리거나 비방하는 일은 없는지(참조. 딤전 5:13, 19), 교인 중에 목사를 지속적으로 괴롭히는 사람은 없는지를 확인해야 한다. 목사의 평안치 못함은 결국 그로 하여금 사역하기 어렵게 만들어 사임을 결심했을 수 있기 때문이다.

제10장 교회는 목사가 사임하려 할 때 어떻게 해야 하는가?

또한 이는 한 개인의 평안치 않음을 넘어, 온 교회를 평안치 못하게 만들기 때문이다. 또한 목사를 청빙할 때 청빙서에 "귀하께서 시무하는 기간에는 본 교인들이 범사에 편의와 위로를 도모하며, 주 안에서 순복하고"라고 기록하여 약속했으며, 위임식 때 "겸손하고 사랑하는 마음으로 그의 교훈하는 진리를 받으며, 치리에 복종하고" "목사가 수고할 때 위로하며, 가르치고 인도하며 신령한 덕을 세우기 위하여 진력할 때 도와주기로" 하나님 앞에서 서약했는데, 그 서약을 굳게 지키고 있는지를 온 교회는 돌아보아야 한다.

사임 이유가 생활비 문제일 수 있다. 목사는 생활비 문제를 비롯한 자신의 경제적 어려움을 선뜻 말하기 어렵다. 그동안 말하지 못하고 수차례 참다가 결국 다른 교회의 청빙에 응했거나 사임 의사를 밝혔을 수 있다. 그러므로 혹여나 위임식 때 약속한 대로 생활비를 제공하지 않았는지, 혹은 그 이후 여러 환경의 변화로 인해 더 필요로 하는 것은 아닌지 살펴야 한다. 교회는 목사의 안정된 생활에 대해 최선을 다해야 한다. 만약 목사의 필요를 교회가 감당하기 어려울 경우, 교회의 형편에 대해 충분히 양해를 구하고, 형편이 좋아지면 더욱 감당할 것을 약속하는 것이 좋다. 그럴 때 상식적인 목사라면 어느 정도 수긍하기 마련이다.

목사가 사임하려는 이유를 최대한 살핀 뒤, 다른 목사가 온다고 해서 해결되는 문제가 아니라면 현 목양 관계를 최대한 지속하는 것이 바람직하다.

사임 이유가 합당할 경우 교회는 목사의 마음속에 주신 하나님의 뜻을 헤아려 주어야 한다. 억지로 붙잡는 것 역시 교회와 목사에게 유익하지 않다.

최종적으로 목사의 사임이 합당하다고 판단될 경우라도 교회는 노회의 승인 없이 임의로 목사와의 관계를 끊을 수 없다. 교회는 노회 승인 없이 목사를 그만두게 하거나 다른 목사를 청빙할 수 없다.[20] 목사가 사임서를 노회에 제출할 수 있도록 할 뿐이다.

3. 사임서를 접수 받은 노회가 할 일

목사 사임은 노회가 최종적으로 승인한다. 목양 관계는 목사와 교인의 동의로만 성립된 것이 아니라 노회의 승인으로 성립되었기 때문이다.[21]

목사가 사임서를 제출했을 때, 노회는 사임서를 즉시 승인하지 말고, 목사와 당회(혹은 직분자)에게 그 이유를 확인해야 한다. 사임 이유가 타당하다면 목사의 의사를 존중해 사임을 승인한다.

---

20 『헌법해설』, 교회정치, 230문
21 『헌법해설』, 교회정치, 230문

제10장 교회는 목사가 사임하려 할 때 어떻게 해야 하는가?

4. 목사 사임 후 교회가 할 일

노회를 통해 최종적으로 목양 관계가 해제되었을 때, 교회는 목사의 앞날을 위해 기도해 주어야 한다. 목사가 하나님의 부르심을 받아 다른 곳에서 사역할 때 힘주시기를 기도하며, 하나님의 복을 구해야 한다.

교회와 목사의 갈등으로 사임한 경우라도 불화에 대한 소문을 내거나 거짓 증거 하지 말아야 한다. 그리하여 목사의 명예를 보호해 주고, 연약한 점을 슬퍼하고 덮어주며, 때에 맞지 않게 진실을 말하거나 그릇된 목적으로 악의적으로 말하지 말아야 한다. 사실이라 할지라도 험담하거나 비난하거나 수군거리는 일은 하나님과 사람 앞에서 죄다(제9계명; 웨스트민스터 대요리문답 144-145문). 당회는 교인이 그러한 죄를 범하지 않도록 지도해야 한다.

우리 교회에서의 사역이 부족했다 하더라도 다른 교회에서의 사역은 훨씬 좋은 경우가 충분히 있을 수 있으며, 그런 경우를 쉽게 찾아볼 수 있다.

1. 정년 은퇴를 앞둔 담임목사가 시무 중일 때 청빙을 하는 것이 좋은가, 아니면 은퇴 이후에 청빙을 하는 것이 좋은가요?

☞ 원칙적으로 어떻게 하든 무관하다. 각 교회의 형편에 따라 시무 중일 때 할 수도 있고, 은퇴 이후에 할 수도 있다.

2. 담임목사의 은퇴를 앞두고 후임 목사를 미리 부임케 하여 목회 이양을 준비해도 될까요?

☞ 담임목사의 목회가 연속적으로 이어질 수 있도록 후임이 될 만한 교역자를 잘 준비하여 훈련시키는 것은 좋은 방법 중 하나다.

3. 담임목사가 은퇴할 경우에 해당교회의 부목사를 청빙할 수 있나요?

☞ 교회법(고신 교회헌법 정치 45조 1항)은 담임목사가 은퇴할 경우에 한해 은퇴하는 목사의 동의를 얻어 해당교회의 부목사가 담임목사가 될 수 있도록 허용한다.

4. 현 시무 목사가 교회에 사임 의사를 밝힌 후(정년 은퇴의 경우는 제외) 교회가 바로 청빙위원회를 구성할 수 있나요?

☞ 할 수 없다. 목사가 교회에 사임 의사를 밝혔다 하여 사임이 최종 결정된 것은 아니기 때문이다. 목사 사임은 노회가 결의해야 한다. 노회가 목사 사임을 결의한 이후에 비로소 청빙 절차를 시작할 수 있다. 참고로, 어느 교회가 노회 결의 전에 청빙 광고를 냈다가 노회로부터 견책을 받은 일이 있다.

5. 당회가 없는 미조직교회는 담임목사를 어떻게 청빙해야 하나요?

☞ 노회에 협조당회를 청해서 청빙해야 한다. 미조직교회는 위임목사로 청빙할 수 없고, 전임목사로 청빙할 수 있다.

6. 당회원이 청빙위원회에 포함되는 것을 교인이 반대할 때는 어떻게 해야 하나요?

☞ 당회가 교인의 신뢰를 받지 못할 때 시무장로를 배제하고 청빙위원회를 구성하려고 할 수 있다. 이것은 바람직하지 않다. 목사 청빙의

일차적인 책임은 당회에 있다. 시무장로 한 명 이상이 청빙위원으로 들어가는 것이 당연하고, 그 장로는 청빙위원이면서 동시에 당회원이라는 것을 잊지 말고 당회와 청빙위원회 사이에 가교역할을 잘해야 한다.

7. 청빙위원회는 비밀 유지를 어느 정도로 해야 하나요?

☞ 청빙위원회는 청빙 과정을 공유하고 함께 기도해야 한다. 그러면서도 일부 과정과 후보자의 정보에 대해서는 청빙 진행 절차에 따라 비밀 유지가 필요하다. 필요에 따라 비밀유지각서를 쓸 수도 있다.

8. 다른 교회에서 시무 중인 담임목사를 청빙하는 것이 바람직한가요?

☞ 일반적으로 이미 검증된 담임목사를 선호하는 경향이 있다. 그러나 이는 그 교회 교인에게 상처를 줄 수 있으므로 신중해야 한다. 원칙적으로 청빙을 받아 위임목사가 되는 것은 목사와 교인 사이에 영구적인 목양 관계에 들어간다는 것을 뜻하기 때문에(『교회정치문답조례』 660문) 목사를 청빙하는 교회는 위임의 원리를 잘 이해하고 준수해야 한다. 부목사 중에 잘 준비되고 훈련된 이들이 많다. 또한 부목사도 담임목회를 할 기회가 계속 제공되어야 보편교회에 유익하다.

9. 강도사를 담임으로 청빙할 수 있나요?

☞ 강도사를 담임으로 청빙할 수 있다. 강도사의 의무 사역기간을 마친 때라면, 청빙과 동시에 목사로 임직케 하여 담임목사로 청빙할 수 있다. 과거 목사가 많지 않던 시절에는 대부분 그렇게 하였다. 의무기간이 지나지 않았을 경우 담임강도사로 청빙한 이후, 의무사역 기간 후 목사로 임직하면 된다. 강도사는 물론 전도사도 담임으로 청빙할 수 있다.

10. 신학교 교수를 담임으로 청빙할 수 있나요?

☞ 신학교 교수도 목사이므로 청빙할 수 있다. 담임목사로 청빙할 경우 교수직은 사임해야 한다. 다만, 신학교 교수는 공교회가 시간과 재정을 할애해서 양성하였으므로 가급적 교단 전체를 섬길 수 있게 하는 것이 좋다. 물론 그렇다고 해서 청빙할 수 없는 것은 결코 아니다. 교수로 봉사하다가 지역교회 담임목사로 봉사한 경우가 있다.

11. 유력한 목회자의 추천을 받을 경우의 장단점이 무엇인가요?

☞ 유력한 목회자의 추천이 장점도 있지만, 그것에만 의존한다면 도리어 단점이 될 수 있다. 교회 형편보다는 추천자 개인이 좋아하는 사람만을 추천할 수 있다. 이에 유력한 목회자의 추천과 함께 다른 경로와 방법을 통해 추천을 받아 진행하는 것이 좋다.

12. 청빙 후보자의 나이를 제한하는 것이 합당한가요?

☞ 나이를 제한하는 것은 합당하지 않다. 목사라면 연령에 제한 없이 청빙 후보자가 될 수 있다.

13. 이혼 경력이 있는 목사를 청빙하는 것은 괜찮은가요?

☞ 이혼 경력이 있는 목사라고 해서 청빙 후보자에서 제외해야 하는 것이 아니다. 교회법적으로 합법적인 이혼이었으면 문제가 없다. 그러나 불법적인 이혼이었으면 후보자에 넣을 수 없다.

14. 다른 교단 목사를 청빙할 수 있나요?

☞ 본 교단 목사와 자매 관계에 있는 교단의 목사를 제외하고는 원칙적으로 청빙할 수 없다. 교단 교회가 굳이 다른 교단 목사를 청빙할 이유가 없으며, 그럴 경우 교회의 정체성에 영향을 받을 우려가 있으므로 바람직하지 않다. 다른 교단 목사를 청빙하려고 하면, 그 목사가 자신이 속한 교단을 탈퇴해야 하고, 청빙교회가 속한 교단에 가입해야 한다. 이런 경우 절차가 상당히 까다롭고 시간이 꽤 소요된다는 점을 염두에 두어야 한다.

15. 청빙 후보자에게 건강검진과 가족관계증명서 제출을 요구할 수 있나요?

☞ 건강과 가족관계는 목사의 직무수행에 영향을 주는 중요한 부분

이므로 당연히 요구할 수 있다. 그렇다고 장애인이라고 해서 거부하거나 지나치게 구체적인 내용을 확인하는 것은 바람직하지 않다.

16. 후보자 부인을 면담하는 것은 어떤가요?

☞ 목사 부인은 직분자가 아니므로 면담의 대상자는 아니다. 단, 한국교회의 문화적 특성상 목사 부인의 역할이 있으므로 현실적 필요를 따라 면담할 수 있다. 이때, 가정에서 아내와 어머니로서 어떤 역할을 하는지, 목사를 도와서 교회를 어떻게 섬길지를 묻는 정도여야 한다.

17. 설교를 평가하는 객관적 기준이 있나요?

☞ 본 매뉴얼 부록에 설교 평가에 대한 구체적인 기준을 제시했으니 참고하라. 자체적으로 설교를 평가하기가 어렵다면 신학교 교수나 몇몇 훌륭한 목회자에게 설교자를 블라인드 처리한 설교문을 보내어서 평가해 달라고 할 수도 있다.

18. 후보자의 자녀도 검증할 수 있나요?

☞ 성경은 목사의 자격으로 "자기 집을 잘 다스려 자녀들로 모든 공손함으로 복종하게 하는 자"(딤전 3:4), "불순종하는 일이 없는 믿는 자녀를 둔 자라야 할지라"(딛 1:6)라고 했다. 그러므로 후보자의 자녀도 검증 대상이다. 미성년 자녀가 신앙생활을 하는지 안 하는지를 확인한

다. 단, 성인 자녀는 검증 대상이 아니다.

19. 후보자의 정치적 입장이나 성향을 고려해도 되나요?

☞ 정치적 입장은 신앙의 본질이 아니므로 고려해서는 안 된다. 단, 지나치게 특정한 입장을 갖고 있어서 설교나 가르침을 통해 교회에 영향을 끼칠 수 있으므로, 이를 고려할 수는 있다.

20. 후보자의 출신 지역을 고려해도 되나요?

☞ 모든 교회는 지역교회이기에 그 지역의 정서나 특성을 잘 알지 못하면 목회에 어려움을 겪을 수 있다. 그렇더라도 특정 지역 출신의 후보자를 배제하는 것은 옳지 않다. 모든 교회는 지역교회이면서 동시에 지역을 초월한 공교회이기 때문이다.

21. 청빙위원회가 결정한 대상자를 당회가 거부할 때 당회의 결정 없이 청빙위원회와 교인들이 공동의회를 소집해서 목사를 청빙할 수 있나요?

☞ 당회가 특정한 이유로 목사 청빙 투표를 위한 공동의회 소집을 거부할 수 있다. 이때 제직회의 청원이나 세례교인 1/3 이상의 청원으로 공동의회를 소집할 수 있다. 또 당회가 부당하게 공동의회 소집을 거부할 때 교인은 노회에 소원할 수 있다. 이렇게 법적으로는 가능하지만, 바람직하지 않다. 목사와 장로는 함께 협력하여 목양하는 관계

인데, 그런 방식으로 청빙받은 목사가 목회를 하기 쉽지 않기 때문이다.

22. 목사 청빙을 위한 공동의회를 교인이 비교적 적게 출석하는 주일 오후(저녁) 예배 시간에 구두로 공고하는 것이 불법일까요?

☞ 주일 오후(저녁) 예배도 공예배이므로 불법은 아니다. 그러나 공동의회 공고의 정신은 모든 교인이 인지할 수 있도록 하는 것이므로, 최소한 1주일 전 오전예배 시간에 주보와 구두로 일시, 장소, 안건을 공고하는 것이 좋다.

23. 청빙위원회가 최종 후보를 결정했는데 공동의회에서 부결되었을 경우, 청빙위원회는 해산하고 재조직해야 하나요?

☞ 일반적으로는 청빙위원회를 해산하고 재조직하여 다시 진행한다. 그러나 혼란을 방지하기 위해서는 부결되었을 경우 어떻게 할지를 청빙위원회를 조직할 때 미리 정해 놓는 것이 좋다.

24. 공동의회에서 청빙 투표가 부결되었을 때, 동일한 후보자를 다시 투표할 수 있나요?

☞ 동일한 후보자를 다시 투표하는 행위는 하나님의 뜻을 무시하는 태도이고 일사부재리 원칙에 어긋나므로 바람직하지 않다. 부결도 하

나님의 뜻이므로 순복해야 한다. 특별한 사정이 있을 경우에 한해 상당 기간이 지난 후에 투표할 수 있다.

25. 노회가 목사 청빙의 승낙을 거부하면 어떻게 해야 하나요?

☞ 노회의 결정에 순종하고, 절차를 새롭게 진행해야 한다.

26. 부목사 청빙은 어떻게 해야 하나요?

☞ 부목사는 당회가 청빙하며, 공동의회 절차는 없다. 단, 노회에 청빙 청원을 해야 한다. 참고로, 1980년대 말까지만 하더라도 부목사도 공동의회 절차를 거쳤다.

원리적으로 부목사 청빙도 공동의회를 거치는 것이 바람직하다. 모든 직분은 회중에 의해 선출되는 것이 종교개혁의 원리다. 다만, 부목사의 경우 이동이 잦고 부목사직의 독특성 때문에 공동의회 절차가 생략되었다.

부록 2
타임테이블

청빙 타임 테이블 및 체크 리스트

내용	체크
청빙상황발생	목사은퇴 목사사임 교회개척
청빙예비과정	당회장 배정 숙고 당회원 워크숍 청빙 원리 공부 및 교육 설문 조사 청빙절차와 방식 결정
청빙위원회구성	위원 구성 역할과 권한 규정

청빙위원회활동	교회 형편 정리 교회에 필요한 목사상 정리 청빙 방식 확정 후보자 추천 및 접수 후보자 검증 및 청빙 진행상황 공지 최종 후보자군 선정 및 협의 최종후보에 들지 않은 이에게 통보 당회 보고
당회	최종 후보자 결정 공동의회소집(최소 1주일전 광고)
공동의회	소집 공고와 회원 확인 개회/후보소개/투표 청빙서 작성
노회	노회에 청빙청원서 제출 노회결의 청빙받은 목사가 속한 노회 결정 청빙서교부

부록 3
교회 형편 정리 양식

QR코드를 활용하시면,
양식을 다운로드 하실 수 있습니다.

※ 아래 내용을 기본으로 하되 교회 형편에 따라 추가할 수 있다.

1. 교회

이름: _____

노회: _____

홈페이지: _____

주소: _____

전화번호: _____

2. 교회 역사 및 연혁 (요약)

_____

3. 청빙위원회 서기 연락처

담당자 이름: _____

우편 주소: _____

전화번호: _____ 이메일: _____

4. 주위환경

대도시 / 중소도시 / 군소재지 / 읍면 이하

지역특성 _____

5. 교회규모

청장년 숫자 _____

65세 이상 수 _____   65세 미만 수 _____

청소년 이하 숫자 _____

평균 출석률 _____

6. 재정정보

연 총 수입 _____

연 총 지출 _____

재산 (부동산/동산/대출) _____

재정자립도 _____

7. 목사 사택 정보

주거 형태 (아파트/빌라/주택/교회당 내)

8. 교회의 주요 사역 및 비전

_____

_____

_____

_____

9. 교회의 당면 과제

_____

_____

QR코드를 활용하시면,
양식을 다운로드 하실 수 있습니다.

청빙하려는 목사 상 설문조사 양식

※ 아래 내용을 기본으로 하되 교회 형편에 따라 추가할 수 있다.

1. 청빙하려는 담임목사의 나이는 어느 정도로 원하십니까?

상관 없음 _____   36-40세 _____   41-45세 _____
46-50세 _____   51-60세 _____   61-65세 _____

2. 청빙하려는 담임목사의 목회 경력은 어느 정도로 원하십니까?

상관 없음 _____   1-5년 _____   5-10년 _____
10-20년 _____   20년 이상 _____

3. 청빙하려는 목사에게 특별히 바라는 사역은 무엇입니까? (3개까지 선택 가능)

1. 설교 2) 예배 3) 심방 4) 교육(제자훈련) 5) 친교 6) 상담 7) 전도 8) 선교 9) 지역사회 봉사 10) 행정 11. 소통 12) 노인사역 13) 다음세대 14) 기도

4. 청빙하려는 목사에게 특별히 바라는 점은 무엇입니까? (2개까지 선택 가능)

1. 인격 2) 기도 3) 협력 4) 리더십

부록 5
공고 양식

QR코드를 활용하시면,
양식을 다운로드 하실 수 있습니다.

공고는 교회가 목사를 청빙한다는 사실을 전국 교회에 알리는 것이다. 공고의 내용은 교회가 결정한 청빙 방법으로 목사의 청빙을 안내하고 알리며 부탁하는 것이다. 예시는 아래와 같다.

00 교회 담임목사 청빙 공고

00 교회는 담임목사를 청빙하려고 합니다.
하나님의 뜻을 찾는 과정 중에 있으니, 본 교회를 위해 기도해 주십시오.
교회의 주인 되신 예수 그리스도께서 도와주시길 간절히 바랍니다.

본 교회에 적합한 좋은 목사를 추천해 주십시오. 자천은 받지 않습니다.
추천은 본 교회 청빙위원회가 작성한 추천서 양식을 사용해 주십시오.
추천 양식은 본 교회 청빙위원회에 문의하십시오.

교회 이름: 00 교회 (www.000church.org)
교회 주소: 00도 00시 00동 00번지
청빙위원회:
서기 000 / 전화번호: 000-0000-0000/ 이메일: 000calling@calling.com

부록6
추천서 양식

추 천 서

성명	
나이	
주소	
연락처	
현 시무교회	
추천 사유	
추천인 성명: 추천인 소속 및 직분: 추천인 연락처:	

부록 7
후보자 평가 양식

QR코드를 활용하시면,
양식을 다운로드 하실 수 있습니다.

후보자 평가지

※ 다음은 예시에 불과하다. 이를 이용해서 다르게 문항을 만들 수 있다.

이름:

주소:

생년월일:

가족구성:

현 교회 시무 기간:

이전 교회 시무 기간:

1. 평가지 작성 시 유의 사항

– 평가지는 서류, 검색, 방문 등을 통해 작성할 수 있다.

– 평가지는 1차 검증을 통해 압축된 후보자에 대해 검증하여 최종 후보자 군(1~5명)을 결정하는 것을 목표로 한다.

2. 이전 사역과 주위 평판 (* 상 중 하로 평가한다)

1) 이전 사역에 대한 평가: 담임목사, 동료 교역자, 교인, 관리집사를 중심으로 확인한다.

– 설교: 설교 준비를 얼마나 성실하게 하는가? (상, 중, 하)

　　　성경 본문 중심으로 하며, 분명한 교훈과 적용이 있는가?

　　　(상, 중, 하)

– 목회: 어떤 목회 정책과 목표를 가지고 있는가? (상, 중, 하)

　　　당회와 교인들이 얼마만큼 목회 정책과 목표에 동의하는가?

　　　(상, 중, 하)

– 행정: 행정을 위한 행정이 아니라 사람(교인) 중심의 행정인가?

　　　(상, 중, 하)

　　　행정이 공평하면서도 효율적인가? (상, 중, 하)

　　　소수의 사람과만 어울리며 편애하지 않는가? (상, 중, 하)

– 지도력: 어린이나 청소년을 염두에 두는가? (상, 중, 하)

　　　새가족이나 노약자 성도를 얼마나 자주 돌아보는가?

　　　(상, 중, 하)

　　　다른 교역자의 의견을 잘 청취하는가? (상, 중, 하)

당회나 제직회 등 회의에서 타협과 화평 위주로 회의를 이끄는가? (상, 중, 하)

2. 인간관계에 대한 평판은 신학교 교수, 동기, 노회원, 친구 등을 통해 확인한다. 이때 사람과 사역에 대한 평가는 주관적일 수 있으므로 절대시해서는 안 되고, 최소한 두세 사람 이상의 의견을 청취하여 교차 검증한다.
- 사역과 성공보다 좋은 인간관계를 우선적인 가치로 여기는가?
  (상, 중, 하)
- 타인을 얼마만큼 배려하는가? (상, 중, 하)
- 타인의 감정을 존중하고 이해하는가? (상, 중, 하)

3. 설교

방문해서 설교를 듣고자 할 때 먼저 예배의 분위기, 예배 순서 등을 함께 살핀다.

설교 평가지 예시(1)

목회	예	아니오	비 고
설교와 기도에서 모든 교인을 염두에 두는가?			
각 세대를 아우르는 설교인가?			
민감한 문제를 잘 표현하는가?			
열정적이며 감화를 끼치는가?			
설교와 기도가 실제적, 현실적인가?			
방법	예	아니오	비 고
설교 중에 교인의 눈을 마주치는가?			
적절한 예화가 있는가?			
삶의 현장을 염두에 두는가?			
사용하는 용어가 구체적인가?			
일상생활에 적용할 실제적인 지침을 주는가?			
설교에서 핵심 요지가 있는가?			
설교시간이 적당한가?			
이해하기 쉬운 언어를 사용하는가?			
머리와 가슴으로 설교하는가?			
도전을 주는 설교인가?			

부록 7 후보자 평가 양식

해설	예	아니오	비 고
본문 중심인가?			
제시한 본문이 다른 문맥에 비추어 볼 때 합당한가?			
성경 해석(주석)이 정당한가?			
메시지가 분명한가?			
이 시대에 적실한 설교인가?			
조화	예	아니오	비 고
전체 순서가 일관성 있게 진행되는가?			
찬송이 설교 주제와 부합되는가?			
전달	예	아니오	비 고
차분하게 설교하는가?			
설교에 진심이 나타나는가?			
설교 음성이 또렷하고 편안한가?			
교인이 집중하는 설교인가?			

메모(평가와 관련해서 메모할 내용이 있으면 여기에 적으세요)

설교 평가위원회 최종 심사 (예시1과 관련해서)

※ 청빙위원회를 대표해서 방문하여 설교 청취 후 평가를 위한 기록지
이다.

평가자 이름	
설교자 이름	
평가 장소	
평가 일시	

평가가 긍정적인가?	**(예, 아니오)**
주목할 점:	
긍정적인 요소:	
통과 여부	**(예, 아니오)**
탈락 이유:	

설교 평가지 예시 (2)

설교자 이름:

평가 장소:

평가 일시:

평가점수(1-부족, 2-약간, 3-충분, 4-좋음, 5-탁월)

〈일반적인 측면〉

설교자의 위엄이 느껴지는가?   1 2 3 4 5

알기 쉬운 말과 억양을 사용하는가?   1 2 3 4 5

성경 본문과 설교가 서로 연결되는가?   1 2 3 4 5

청년을 염두에 두는 설교인가?   1 2 3 4 5

〈설교〉

내용이 있는가?   1 2 3 4 5

감동이 있는가?   1 2 3 4 5

적용이 있는가?   1 2 3 4 5

〈찬송〉

설교와 연결되는가?   1 2 3 4 5

〈시간〉

설교시간이 적당한가?   1 2 3 4 5

전체 예배 시간이 적당한가?   1 2 3 4 5

〈기타 비고〉

_____

_____

_____

_____

_____

전체 점수   1 2 3 4 5

부록 8
면접 지침과 질문

QR코드를 활용하시면,
양식을 다운로드 하실 수 있습니다.

- 면접 주제: 1, 2차 검증을 통해 확인된 내용에 근거하되, 예배, 설교, 영성, 목회계획, 성도와의 관계, 리더십, 세상을 보는 관점, 사적인 내용, 가족 관계 등이 포함될 수 있다.
- 면접 시간: 1시간 정도로 정해 놓고 시작하라.
- 면접 방식: 정중하게 질문하고, 면접받는 목사에게도 질문의 기회를 제공하라.

※ 아래 내용을 기본으로 하되 교회 형편에 따라 추가할 수 있다.

1. 예배와 설교

– 어떤 형태의 설교를 선호하는가? (이야기식 설교, 강해설교, 구속사적 설교, 교리설교, 주제설교 등)

– 설교 준비를 어떻게 하는가?

– 설교 시 어떤 도구나 자료를 사용하는가?

– 설교 시 해설과 적용 중에서 어디에 더 강조점을 두는가?

– 설교에서 이 시대의 상황을 고려하는가?

– 교인이 내 설교를 평가하는 것을 어떻게 생각하는가?

2. 예배와 예배 순서

– 예배 순서 중 어느 순서에 역점을 두는가?

– 교회 절기 등을 참고하는가?

3. 목회

– 목회관이 무엇인가?

– 모든 세대를 아우르는 목회에 대해 어떻게 생각하는가?

– 여러 연령층과 소통하는 편인가?

– 청소년과 어떻게 소통하는가?

– 특별히 염두에 두는 그룹이나 계층이 있는가?

– 교회를 세우기 위해 특히 강조하는 점이 있다면 어떤 것이 있는가?

– 당회원과 어떤 방식으로 소통하는 편인가?

– 본인의 지도력은 어떤 형태라고 생각하는가?

4. 세상과 사회

− 해외 선교 활동을 어떻게 생각하는가? 교회가 어떤 역할을 해야 한
   다고 생각하는가?

− 사회에서 일어나는 문제에 대해 어떤 방식으로 참여하는 편인가?
   교회가 사회 참여에 어떤 역할을 해야 한다고 생각하는가?

5. 개인적인 생각

− 우리 교회에 대해 어떻게 생각하는가?

− 우리 교회에서 사역한다면 특별히 어떤 영역에서 개선하기를 바라
   는가?

− 본인의 장점은 무엇인가?

− 특별히 관심 있는 연령층이 있는가?

− 목사가 된 가장 중요한 동기가 무엇인가?

− 목사의 직무 중에서 가장 중요하게 생각하는 것은 어떤 것인가?

− 일과 휴식의 균형을 이루기 위한 계획이 있는가?

− 취미가 있는가?

QR코드를 활용하시면,
양식을 다운로드 하실 수 있습니다.

부록 9

후보자 관련
메시지 작성 예시

1. 추천받은 것에 대한 알림 메시지

존경하는 000목사님!
저희 00교회가 담임목사를 청빙하게 되었는데 목사님이 후보로 추천을 받으셨습니다. 저희 청빙 작업에 응해 주시면 고맙겠습니다. 저희 교회가 적합한 담임목사를 청빙할 수 있도록 함께 기도해 주시면 고맙겠습니다.

0000년 00월 00일
00교회 청빙위원회 위원장 드림

2. 청빙 일정 알림 메시지

00교회 청빙위원회 안내

샬롬!
000목사님, 건강하시기를 바랍니다.
기도와 관심 속에 저희 교회 청빙에 응해 주셔서 진심으로 감사드립니다. 향후 일정을 알려 드립니다. 00월 00일-00월 00일까지 서류 심사하여 00명을 선정하고, 선정되신 분들에게 필요한 추가서류를 요청하여 00월 00일에 0명을 선정합니다. 선정된 0명에 대해 00월 00일에 면접을 하여 00월 00일에 청빙작업을 마무리하려고 합니다. 향후 일정에 변경이 있을 수 있으니 그때마다 연락드리겠습니다. 저희 교회 청빙에 응해 주셔서 다시 한번 감사드리고, 주님의 뜻이 이루어지기를 기도해 주시기 바랍니다.

0000년 00월 00일
00교회 청빙위원회 위원장 드림

3. 서류심사에 통과하지 못한 분들에 대한 감사인사 메시지

존경하는 000목사님!
저희 00교회를 사랑하셔서 담임목사 청빙에 응해 주셨는데 아쉽게도 청빙 1차 서류심사에 통과하지 못했음을 알려드립니다. 목사님의 목회사역에 하나님의 선한 인도하심이 있기를 소망합니다

0000년 00월 00일
00교회 청빙위원회 위원장 드림

4. 최종 후보가 되지 못한 분들에 대한 감사인사 메시지

존경하는 000목사님,
00교회 청빙위원회에서 알려 드립니다. 아쉽게도 목사님께서 최종 후보에 들지 못했습니다. 그동안 저희 청빙 과정에 응해 주셔서 진심으로 감사드립니다. 목사님을 통해 교회를 목양하는 것이 무엇인지 많이 배웠습니다. 다른 기회에 뵙기를 바랍니다. 목사님께서 섬기시는 교회와 성도들 위에, 사모님과 자녀분들 위에 하나님의 은혜와 사랑이 충만히 임하시고, 교회가 든든히 서가기를 기도하겠습니다. 목사님, 감사드립니다.
0000년 00월 00일
청빙위원회 위원장 000올림

5. 최종 후보가 된 분에 대한 감사인사 메시지

존경하는 000목사님,
목사님이 최종 후보가 되셨음을 알려 드립니다.
남은 절차가 잘 진행되도록 기도해 주시기 바랍니다.

0000년 00월 00일
청빙위원회 위원장 000올림

QR코드를 활용하시면,
양식을 다운로드 하실 수 있습니다.

목사청빙 청원서류(예장고신을 사례로 제시한다)

○○ 교회

수 신   노회장
참 조 임사부장
(경유)
제 목   목사청빙 청원

　　　주님의 은혜와 평강을 기원합니다.
　　　본 교회에서는 _____ 목사를 위임목사(혹은 전임목사)
로 청빙하고자 서류를 구비하여 청원하오니 허락하여 주시기 바랍니다.
　　　붙임서류 1. 목사 청빙서 3부
　　　　　　　　2. 공동의회장(부목사는 당회장) 의견서 3부
　　　　　　　　3. 이력서 2부. 끝.

　　　　　　　　　　　　　　　노회　　　　　　교회
　　　　　　　　　　　당회장 목사　　　　　　　⑩

시 행 문서번호/　　　시행일자/　　　　　접수일자/
담당자　　　　　　　전화/　　　　　　　　FAX/
주 소 （ － ）　　　　　　　　　　　　　이메일/

목사 청빙서

_____ 귀하

　OO교회 교인들은 _____ 귀하께서 목사의 자격과 능력을 갖추신 분으로, 기도와 말씀과 성례와 가르침과 권면과 목양과 치리를 통해 우리 영혼의 영적 유익을 주실 줄 확신합니다.

　이에 본 교회 위임(전임, 부)목사로 청빙하길 원합니다.

　우리교회는 _____ 귀하를 우리교회의 목사로 보내주신 목자장 예수님의 뜻을 따라 직무를 행할 때 겸손하고 기쁘고 감사함으로 받고 지키고 순종하고 복종할 것입니다. 또한 모든 일에 있어서 격려하고 도우며 기도할 것입니다.

　또한 본 교회에서 시무하는 동안 생활과 사역을 위한 교회의 책임을 아래와 같이 감당할 것임을 서약합니다.

　이를 확실히 증명하기 위하여 서명 날인하여 청원하오니 허락해 주시기 바랍니다.

－ 아 래－

1. 생활비 － 월 OOO 만원 (매년 1회 인상)
2. 주택 － 구체적인 내용
3. 주택 관리비－ 실비
4. 차량－ OOOO
5. 차량 유지비－ 실비
6) 휴양비 － 명절(설, 추석) 및 여름 휴가
7) 목회활동비 － 월 OO 만원
8) 도서비 － 월 OO 만원
9) 자녀교육비 － 월 OO 만원 (상승폭)
10) 국민연금 － 국가가 정한 기준
11. 건강보험료 － 국가가 정한 기준
12. 퇴직(은퇴) 적립 － 생활비의 OO%

OOOO년 OO월 OO일

증인 공동의회장 목사 _____ (인)

첨부: 입교인 연서날인

붙임서류 : 입교인 연서 날인 (부목사인 경우 당회원 과반수)

번호	이름	직분	서명	비고	번호	이름	직분	서명	비고

목사 귀하

공동의회장 의견서

주님의 은혜와 평강을 기원합니다.

본 교회에서는 _____목사를 위임(전임) 목사로 청빙하는 일에 대하여 아래와 같은 투표 결과 청빙이 가한 줄로 알고 이에 의견을 진술합니다.

투 표 일 :

투표장소 :

총투표수 :

득 표 수 :   가   표

부   표

기권   표. 끝.

교회

증인 공동의회장 목사   ⑪

○○ 교회

수 신   노회장
참 조 임사부장
(경유)
제 목   목사이명 청원

————————————————————————————————————

성   명 :
주   소 :
주민등록번호 : 000000-1******
직   명 : 위임(전임) 목사

주님의 은혜와 평강을 기원합니다.
위 본인은 아래와 같이 이명하고자 청원하오니
허락하여 주시기 바랍니다.

시무 교회명 :
가는 노회명 :
가는 교회명 :
이명 사유 :

붙임서류 1. 이력서 2부.
           2. 총회 은급재단 가입증명서 사본 1부. 끝.

교회
목사   (인)

시 행 문서번호/	시행일자/	접수일자/
담당자	전화/	FAX/
주 소 (-)		이메일/

1. 캐나다 개혁교회의 청빙 과정

박광영 목사
(토론토 벧엘교회)

캐나다 개혁교회는 네덜란드 개혁교회(해방파) 출신의 이민자들이 1950년에 세운 교회다. 캐나다 개혁교회는 유럽 개혁교회의 전통을 따라서 삼대 일치 신조(Three Forms of Unity; 벨기에 신앙고백, 하이델베르크 요리문답, 도르트신조)를 따른다. 그래서 영미권의 장로교회 전통을 따라서 웨스트민스터 신앙고백과 대소요리 문답을 따르는 한국의 장로교회들과는 교회 정치에 있어서 약간의 차이가 있다. 여기에서는 캐나다 개혁 교회가 유럽개혁교회의 전통을 따라서 어떻게 목사를 청빙하는지 소개하고자 한다.

1. 캐나다 개혁 교회의 목사 청빙의 원칙

캐나다 개혁교회는 하나님께서 개교회의 당회(Consistory)에 "다스리는 권위"를 주셨다고 믿는다. 노회(Classis)와 총회(Synod)는 개 교회의 당회에서 해결하지 못한 안건이나 교회의 공통의 안건만을 의논한다(교회질서 30조). 이처럼 캐나다 개혁교회는 당회가 교회 정치에서 실질적인 권세를 가지고 있다. 이는 하나님께서 당회(Session)와 노회(Presbytery), 총회(General Assembly)에 각각 다스리는 권위를 주셨다고 믿는 장로교회 정치와는 약간의 차이가 있다. 목사 청빙에 있어서 캐나다 개혁교회는 당회에 독립적인 권세가 있다. 그리고 목사는 당회의 소속이 된다. 이는 목사가 노회의 소속이어서 개 교회의 당회가 노회로 목사 청빙을 청원해야 하는 장로교회 정치와는 약간의 차이가 있다.

그러나 개혁교회의 목사 청빙은 개 교회에서 임의로 무질서하게 진행되지 않는다. 개 교회의 당회는 유럽 대륙 개혁교회의 전통을 따라서 벨기에 신앙고백서와 도르트 교회 질서(The Church Order of Dort)가 정한 목사 청빙의 원리와 절차대로 목사를 청빙한다. 각 개 교회는 벨기에 신앙고백서 제31조와 도르트 교회 질서 제2-5조가 정한 범위 내에서 자율성을 가질 뿐이다. 여기에는 청빙의 신학적 원리, 청빙의 대상, 청빙의 절차와 임직에 관한 규정이 세부적으로 기록되어 있다. 벨기에 신앙고백서 31조는 목사 청빙이 말씀에 의해 규정된 대로, 합법적인 선거를 통해, 기도하면서 질서있게 이루어져야 한다고 가르친다. 교회 질서 3조는 공적 신앙고백(입교)을 한 남자 중에서 디모데전서 3장과 디도서 1장이 가르치는 조건에 부합한 사람이 청빙의 대상이라고 규정한다. 교회 질서 4조는 청빙 대상이 되는 사람을 다음과 같이 규정한다.

첫째는 캐나다 개혁교회 내에서 청빙에 적합하다고 공포된 목사 후보생들이다. 캐나다 개혁교회에서 신학교를 졸업한 목사 후보생들은 자신이 속한 노회에서 신학, 설교, 인성 등에 대하여 예비 심사를 받는다. 그리고 노회는 예비 심사를 통과한 목사 후보생을 청빙에 적합한 자라고 모든 교회 앞에 공포한다. 그러면 교회는 그를 청빙 대상으로 고려할 수 있다. 둘째는 캐나다 개혁교회 내에서 이미 목사로 섬기고 있는 자이다. 캐나다 개혁교회에서는 목사가 임직해서 은퇴할 때까지 한 교회를 섬기는 경우는 드물다. 명시적인 규정은 없지만 대부분의 목사는 한 교회에서 7~10년 정도 사역을 한 후 사역지를 옮긴다. 이는 목사가 교회 안에서 과도한 영향력을 갖지 않아야 한다는 생각 때문이다. 개혁교회의 한 성도는 "A교회가 A목사의 교회라고 인식되는 것은 옳지 않다. 교회는 언제나 그리스도의 교회여야 한다. 그런데 한 목사가 너무 오랫동안 한 교회에서 시무할 경우 그 교회가 그 목사의 교회처럼 여겨질 수 있다"고 말하면서 목사가 주기적으로 교회를 옮기는 이유를 설명하였다. 그렇기 때문에 한 교회에서 사역을 한 지 7~10년 정도 된 목사들은 자연스럽게 다른 교회의 청빙 대상이 된다. 마지막으로 캐나다 개혁교회와 자매 관계를 유지하고 있는 교회에서 청빙에 적합한 자로 공포된 목사 후보생이나, 이미 교회를 섬기고 있는 목사도 캐나다 개혁교회의 청빙 대상이 될 수 있다.

캐나다 개혁교회는 대부분 한 교회에 한 명의 목사가 시무한다. 담임목사와 부목사의 개념이 없다. 교회의 규모가 커지면(4~500명 이상) 여러 명의 목사를 두기보다는 분립을 통해 새로운 교회를 개척하고 새로운 목사를 청빙한다. 때로는 교회가 필요에 따라서 목사를 두 명 이상 청빙하는 교회도 있지만, 이 경우에 목사는 모든 면에서 동등한 권한, 대우를 받는다. 청빙에 있어서도 두 명 모두 동일한 과정을 거친다. 한국에서는 담임목사, 부목사 청빙 과정은 완전히 다르다. 그러나 캐나다 개혁교회는 모든 목사가 거의 동일한 청빙 과정을 거쳐서 교회를 섬기고 있다.

2. 청빙 절차

캐나다 개혁교회에서 목사를 청빙할 때의 세부과정은 다음과 같다.

1) 청빙위원회 구성

먼저 개 교회는 청빙위원회를 구성한다. 청빙위원회에는 다양한 성도들의 목소리를 담아낼 수 있도록 남녀노소가 골고루 참여한다. 보통은 시무하던 목사가 은퇴를 하거나, 다른 교회의 청빙을 받아서 떠난 후에 청빙위원회를 구성한다. 그렇기에 이전에 시무하던 목사가 새로운 목사 청빙에 전혀 영향을 주지 않는다. 청빙위원회가 구성되면 가장 먼저 성경, 벨기에 신앙고백서, 교회 질서를 통해 개혁교회가 어떤 목사를 청빙해야 하는지 함께 공부한다. 그 후 청빙위원회는 청빙을 할 수 있는 목사와 목사 후보생들의 정보를 수집하고, 그들이 개혁교회의 목사로 적합한지 신중하게 검토한다. 이때 청빙위원회가 중점적으로 고려하는 것은 설교, 요리문답교육, 심방이다. 그의 설교가 성경적인지, 적절한 적용을 하는지 살핀다. 이를 위해 그가 시무하는 교회에 방문하여 설교를 들어보기도 하고, 교인들의 의견을 묻기도 한다.[22] 또한, 캐나다 개혁교회 목사들의 중요한 책무 중 하나는 요리문답을 가르치는 것이다. 그래서 목사가 요리문답을 다음 세대들에게 효과적으로, 바르게, 가르치는지, 성인 성도들에게도 요리문답을 잘 가르치는지 살펴본다. 그리고 마지막으로 목사가 적절하게, 따뜻한 마음으로, 말씀과 기도를 통해 성도들을 잘 심방하는지 살핀다. 그리고 치열

---

22 캐나다 개혁교회는 7~10년 사이에 목사가 이동하는 것이 보편적이기 때문에 목사가 시무한 지 7~10년쯤되면 교인들도 목사가 곧 떠날 수도 있다고 예상한다. 그래서 다른 교회에서 방문하여 의견을 묻는 것이 그리 불편한 일이 아니다. 또한, 교회들 간에 공교회 의식이 강하게 자리잡고 있어서, 서로의 교회가 잘되길 진심으로 바라면서 필요한 조언을 할 수 있다.

한 토론과 기도를 거쳐 청빙위원회는 청빙대상자를 1명 선정하여서 이를 모든 직분자(목사, 장로, 집사)가 함께 논의하는 협의회(Council)에 추천한다. 이때 교회가 청빙 대상자에게 이 사실을 알리는 경우도 있고, 그렇지 않은 경우도 있다. 때로는 청빙 대상자가 공동의회 투표 이후에 이 소식을 전해 듣기도 한다.

2) 협의회에서 논의

캐나다 개혁교회에서는 목사와 장로들의 치리회인 당회(Consistory)와 목사, 장로, 집사가 모두 함께 참여하여 교회 운영에 관한 전반적인 사항을 논의하는 협의회(Council)를 운영한다. 청빙위원회에서 건의한 청빙 대상자에 대해 협의회는 다시 한번 이를 검토를 한 후 청빙 대상자를 공동의회로 넘겨서 교인투표를 제안한다. 필요하다면 공청회를 통해 교인들에게 설명하는 시간을 갖기도 한다. 그리고 공동의회에서 교인들이 투표를 하고, 각 교회가 정한 일정 기준이 넘는 찬성표가 나오면 교회는 목사를 청빙하기로 결정한다.

3) 청빙서 전달

협의회 의장은 장로 또는 집사 1인 이상과 함께 청빙 대상이 되는 목사 또는 목사 후보생을 방문하여서 그에게 청빙서를 전달한다. 이때 교회는 최대한의 예우를 갖추어서 목사를 청빙한다. 청빙서에는 교회가 목사에게 기대하는 역할이 자세하게 기록되어 있다. 또한, 교회가 목사에게 제공하는 생활비와 여러 제반 복지사항도 기록되어 있다. 그리고 교회는 목사에게 일정 기간(이 청빙에 관해 기도하며 결정할 수 있는 기간으로 약 4주)을 제시한다. 그러면 목사는 현재 시무하고 있는 교회에 청빙 사실을 알리고 당회의 조언을 구한다. 또한, 청빙한 교회를 방문하여서 설교를 하고, 교회를 살펴볼 기회를 갖기도 한다. 이때 목사는 청빙한 교회의 다양한 사람들을 만나면서 하나님의 부르심을 살피는 시간을 갖는다. 그리고 하나님의 부르심을 확신하면 목사는 그 청빙을 수락하여서, 청빙 수락서를 교회에 전달한다.

4) 노회의 검증

목사 또는 목사후보생이 청빙을 수락하면 교회는 이를 노회(Classis)에 알려서 이에 대한 검증을 요청한다. 목사 후보생의 경우 청빙한 교회가 속한 노회에서 다시 한번 청빙에 적합한지 확인하는 확정시험을 거친다. 이는 일종의 목사 고시와 같다. 이미 임직을 한 목사의 경우 이전 교회에서의 이명 증서와 새로 청빙하는 교회에서의 청빙에 관한 일체의 문서들을 검토한 후 문제가 없을 경우 노회가 이를 승인한다. 이는 행정적인 문제를 검토하는 단계다.

자매교단의 목사를 청빙할 경우에는 신학공청회(Colloquium)을 갖는다. 이는 목사고시처럼 합격, 불합격을 논하는 시험은 아니다. 그래서 시험(Examination)이라는 말을 사용하지 않고, 공청회라고 한다. 노회의 목사, 장로들과 원하는 성도들이 함께 참여하는 신학공청회에서 자매 교단의 목사는 그가 가지고 있는 신학에 대하여 묻고 대답하는 시간을 갖는다. 그의 신학이 건전하고, 개혁신학에 부합하다고 판단되면 노회 는 해당 목사가 캐나다 개혁교회의 청빙에 적합함을 공포한다.

5) 목사의 임직 또는 취임

이렇게 노회의 검증을 마친 후 교회는 목사가 임직 또는 취임하는 날짜를 정한다. 보통은 목사가 청빙을 수락한 후 3개월 이내에 임직 또 는 취임을 한다. 만약 목사 후보생을 청빙할 경우 교회는 목사 안수식 과 함께 임직 예배를 거행한다. 이미 안수를 받은 목사의 경우 안수 없 이 교회 앞에서 자신의 직무를 서약하는 취임예배를 거행한다. 이때 목사는 교회 앞에서 하나님께서 주신 부르심을 따라서 신실하게 하나 님의 말씀을 가르치며, 목사의 직무를 다할 것을 서약한다. 또한 성도 들도 교회에 하나님께서 주신 목사를 기쁨으로 받으며, 그에게 순종하 고, 그가 전하는 말씀을 받기로 서약한다. 이후 목사는 당회와 노회에 서 각각 삼대 일치 신조(Three Forms of Unity)에 대한 자신의 서약에 서명 함으로 모든 청빙의 절차는 마무리된다.

결론

캐나다 개혁교회에서 목사는 귀한 존재다. 현재 캐나다 개혁교회 안에는 목회자가 없는 교회가 10여 곳이나 있다. 이들 교회들은 지금도 하나님께서 좋은 목사를 주시길 간절히 기다리고 있다. 그렇게 기도를 하면서 목사를 청빙한다. 그래서 캐나다 개혁교회에서는 말 그대로 청빙(請聘)이 이루어진다. 교회가 목사를 또는 목사 후보생을 찾아와서 청하여서 모시고 간다. 이는 목사가 전하는 하나님의 말씀에 대한 존중과 그 말씀을 전하는 목사라는 직분에 대한 존중으로 자연스럽게 이어진다.

캐나다 개혁교회도 죄인들이 모인 교회이기에 여러가지 많은 문제가 있으며, 하나님의 은혜가 늘 절실하게 필요한 교회다. 그러나 캐나다 개혁교회는 종교개혁 이후 로마 가톨릭의 문제를 개혁하고, 교회를 성경 말씀을 따라서 신실하게 지켜오려고 노력한 개혁교회의 전통을 보존하기 위하여 노력하는 교회다. 그런 전통 안에서 하나님의 말씀을 전하는 목사를 교회로 귀하게 모시는 청빙의 문화가 있다.

앞으로도 하나님께서 캐나다 개혁교회를 건강하고 신실하게 보존하여 주시길 기도한다. 오직 하나님께 영광!

2. 네덜란드 개혁교회 목사청빙과정 가이드라인

번역: 이충만 교수

(고려신학대학원)

1. 준비 과정

1) 목사 공석

목사직이 공석이 되면 당회는 목사 청빙을 결정하고, 이 사실을 교회 공동체에 공지한다. 목사는 당회에 의해서 청빙되며, 교회 공동체의 협력이 필요하고, 해당교회의 내규를 준수한다.

2) 역할 분담

청빙을 위한 역할 분담을 한다. 정보와 원활한 의사소통이 청빙 과정에서 중요하다.

3) 업무 분담

당회는 다양한 위원회를 구성하여 업무를 분담시킨다. 청빙 절차, 구체적인 활동, 그리고 일정이 수립되어야 하며 이에 대해 교회 공동체와 소통해야 한다. 모든 절차와 일정의 진행 과정을 총괄하는 사람이 필요하다. (청빙 과정에서뿐만 아니라 목사 청빙 후 제기될 수 있는) 재정적, 행정적 문제들은 청빙 공고 전에 의논, 해결한다.

4) 자문

목사가 부재하는 교회는 시찰회에 의해 임명된 당회장의 조언을 따라 청빙을 진행한다. 당회장은 당회에 참석하고 청빙 과정을 감독하며 조언한다.

5) 교회 공동체 프로필 작성

교회 공동체의 특성에 대한 프로필이 부재할 시, 당회는 교회 공동체와 협력하여 프로필을 작성한다. 이 프로필을 통해 후보 목사가 본 교회 공동체에 적합한지를 파악할 수 있다. 당회의 토의와 결정 이후 최종적인 프로필을 교회 공동체에 공지한다.

6) 지역에 대한 정보

지역에 대한 정보(예를 들어 주거환경, 학교 등)를 정리하는 것이 청빙 과정에서 유용하다.

7) 목사 프로필 작성

당회의 책임하에 청빙 하고자 하는 목사의 프로필을 작성한다. 당회의 논의와 동의 후, 이 프로필은 교회 공동체에 공지한다. 객관적인 프로필을 작성하기 위해 당회장의 조언을 듣는다.

8) 청빙위원회 구성

당회는 청빙위원회를 구성한다. 청빙위원회는 당회원, 목회 지원 위원회, 교인으로 구성된다.

9) 청빙위원회 위원 임명

당회는 청빙위원회 위원을 임명하고 각자의 임무를 분담하도록 한다.

10) 청빙 비용

교통비를 포함한 청빙 과정에 필요한 일체의 비용은 청빙하는 교회가 부담한다.

2. 청빙위원회의 활동 방법

1) 비밀 유지와 신중한 선택 기준

청빙위원회의 위원은 비밀 유지를 서약하고, 후보자 선택 기준을 명확하게 결정한다.

2) 선택방법과 과정

청빙 후보자를 찾는 방법에는 4가지가 있다.

⑴ 교인의 추천을 받는다.

⑵ 청빙 관련 협력기관을 통해 정보를 얻는다.

⑶ 청빙 공고를 낸다.

⑷ 이메일 혹은 편지를 통해 관련 목사에게 연락한다.

3) 후보자 명단 작성

정해진 선택 기준을 따라 후보자의 명단을 작성한다.

4) 후보자 선택 / 면접위원의 임명과 임무

청빙위원회는 당회에 면접위원회를 제안한다. 당회는 면접위원회를 구성한다. 면접위원회는 선택된 후보자에 대한 정보를 가능한 한 많이 수집한다. 이를 위해 면접위원회는 선택된 후보자를 방문하여 후보자로부터 듣고 함께 대화한다. 이때 사전에 협의한 중점사항들을 고려하는 것이 중요하다. 면접위원회는 결과를 청빙위원회에 보고한다.

5) 검증 자료 수집

청빙위원회는 선택된 후보자에 대한 검증 자료를 수집한다. 청빙위원회는 그 후보자가 본 교회 공동체를 섬길 의사가 있는지를 확인한다. 만일 숙고 후 청빙에 응할 수 없는 이유를 밝힌다면 청빙위원회는 후보자 명단 순서를 따라 다음 후보자와 연락한다.

6) 당회에 조언

후보자가 청빙에 응한다면, 청빙위원회는 문서와 구두로 당회에 후보자를 추천하고 조언한다. 당회는 청빙위원회의 조언을 숙고한 후 추천받은 목사의 설교를 듣는다. 이후 당회는 추천된 후보자 청빙 건을 공동의회에 상정한다.

7) 청빙 과정 종료

청빙위원회는 청빙 확정된 목사에게 이를 알린다. 관련 모든 기록은 파기한다.

3. 청빙 투표 결과 알림, 결정, 위임

1) 공동의회 청빙 투표

당회는 청빙을 위한 공동의회를 소집한다. 공동의회 시 청빙위원회는 지금까지 진행한 업무를 보고하고, 질의에 답한다. 목사 청빙은 참석한 회원의 다수결로 선출한다. 투표 결과에 대해서 교인이 이의를 제기할 수 있는 여유와 시간을 주어야 한다. 관련 후보자의 이름이 2주일 간 공표되고, 중대한 이의가 없을 시 공동의회의 결정은 확정된다.

2) 청빙 투표 결과 전달

당회는 청빙 투표 결과를 해당 목사에게 알린다.

3) 청빙서 전달

청빙서를 해당 목사에게 전달한다. 인편으로 전달하는 것이 바람직하다. 청빙서에는 목사와 관련된 구체적인 규약 및 규정들과 관련 문서들이 첨부된다. 당회는 해당 목사와의 면담 일정을 세운다.

4) 숙고 기간과 결정

청빙서를 받은 목사는 3주 내지 6주 동안 숙고할 수 있다. 이 기간 동안 목사는 책임있는 결정을 내릴 수 있도록 교회 공동체에 대한 충분한 정보를 수집할 수 있다.

5) 청빙 결과 공지

당회는 청빙 결과에 대해 교단과 관련된 기관들에 공지한다.

6) 청빙 수락

청빙 수락을 요청받은 목사가 청빙을 수락한다면, 목사의 현재 시무교회가 속한 시찰회에 이를 알려야 하며 사임서를 제출해야 한다.

7) 위임

청빙하는 교회가 속한 시찰회의 승인 후, 교회는 청빙된 목사를 교회법에 따라 공예배 시에 위임한다.

4. 소개 및 지원

1) 당회 및 교인과의 면담

청빙된 목사는 당회와 면담하고, 교인과 만난다.

2) 청빙된 목사와 교회 소개

당회와 청빙된 목사는 목사와 교회 간의 소개 및 환영 프로그램을 만든다. 양질의 프로그램을 만드는 것은 청빙된 목사가 교회 공동체에서 역할을 성공적으로 수행하기 위해 필수적이다.

3) 소개 및 환영 프로그램

청빙된 목사와 교회 공동체 간 상호 소개 및 환영 프로그램은 다양한 활동으로 구성될 수 있다.

4. 목회 지원 위원회

위임식 이후, 목사가 순조롭게 사역할 수 있도록 돕는 목회 지원 위원회가 구성된다. 이 위원회는 목사가 목회적 어려움을 의논할 수 있는 신실한 사람들로 구성되며, 목사와 함께 연간목회를 평가한다. 이 위원회는 목사가 위임한 후 사임할 때까지 목사를 돕고 지원한다.

5) 평가

청빙이 완료된 후, 청빙위원회는 청빙 과정을 평가한다. 긍정적인 측면과 부정적인 측면 모두 논의한다. 평가보고서를 작성하고 당회와 당회장에게 제출한다. 평가보고서는 차후 청빙 과정을 위한 중요한 자료이다.

3. 네덜란드에서 청빙 받은 경험

성유은 목사

(네덜란드 마리엔베르그 교회)

청빙위원회의 연락

어느 날 마리엔베르그(Marienberg) 교회의 청빙위원회에서 전화가 왔다. 청빙에 응할 의사가 있느냐는 것이었다. 당시 플리싱언(Vlissingen)에서 목회한 지 거의 5년이 되었기에 다음 목회지를 생각 안 해본 것은 아니었지만, 막상 청빙 연락을 받으니 살짝 당황스러웠다. 일단 아내와 상의해 보고 다시 연락한다고 말하고 끊었다. 마리엔베르그 지역이 어딘지 지도에서 찾아보니 네덜란드 반대편인 독일 국경과 가까운 곳이었다. 어떻게 나에 대한 정보를 알았는지 신기하기도 하고 설레기도 하였다. 만약 이곳이 주님께서 예비한 곳이라면 어떤 도전이 나를 기다리고 있을까 하는 기대가 생겼다. 그러나 설렘도 잠시. 교회 홈페이지를 찾아보니 2천년대 초반 인터넷 붐이 막 생길 때 만들어 놓은 포맷이 그대로 있었다. 물론 홈페이지가 모든 것을 말해주진 않지만 내가 생각한 교회의 모습과는 조금 거리가 있었다. 어두컴컴한 벽돌로 지은

오래된 클래식한 교회당 건물의 생기 없는 이미지는 나의 환상에 찬물을 끼얹었다. 그러나 대화 시도를 하지 않은 채 혼자만의 상상으로 너무 선불리 판단하지 말자는 생각에 청빙위원회에 다시 연락을 취했다. 그분들이 흔쾌히 플리싱언으로 오겠다고 해서 약속을 잡았다.

청빙위원회와 첫 만남

청빙위원회는 총 7–8명으로 구성되었는데 위원장, 장로 한 명, 여러 연령대의 성도들이 있었다. 먼저 간단하게 자기소개를 하고, 위원장이 교회 소개를 해주었다. 연령대는 어떻게 되고, 교인들은 무슨 일들을 하고, 교회의 성향은 어떤 지, 지금 교회 상황은 어떻고 무엇을 필요로 하는지 설명을 해주었다. 위원장이 오기 1주일 전 미리 교회 프로필과 목회자 프로필을 파일로 보내줬기 때문에 대화하기가 수월했다. 그 교회는 10대부터 30대의 젊은 층이 많은데 많은 이들이 더 이상 교회와 신앙에 관심을 가지지 않는다고 했다. 그들에게 좀 더 관심을 갖고 목회할 수 있는 젊은 목회자를 원한다고 했다. 교회가 정체되어 있어서 활기를 되찾고 교인들이 서로 영적으로 그리스도 안에서 연결되기를 원했다.

이런 부분들은 나의 목회 방향과도 잘 맞았다. 그렇지만 내 편에서 한 가지 분명히 해야 할 것이 있었다. 목사에게서 너무 많은 기대를 하지 말라는 부탁이었다. 목사가 부임하기만 하면 모든 것이 다 바뀌고 새로운 변화가 생길 것이라는 과한 기대를 하지 말라는 것이었다. 특히 마리엔베르그 지역 사람들의 성향은 수동적인 면이 있는데, 목회자가 모든 것을 해결할 것이라는 생각도 조금 깔려 있었다. 나는 이런 것을 바로잡고 싶었다. 이런 문제를 함께 생각하고 문제 해결을 위해 머리를 맞댈 수 있는 사람들이 있는지 물었다. 그리고 새로운 변화를 원하는 것이 당회나 청빙위원회의 의견인지 아니면 교인들도 여기에 어느 정도 동의하는지 물었다.

또 하나 내가 꺼낸 주제는 공동목회였다. 마리엔베르그는 이미 한 목사님이 계셨다. 그곳에서 20년을 넘게 목회를 하시고 이제 은퇴를 몇 년 앞두셨다. 내가 간다면 4년은 같이 목회해야 할 것인데, 당회가 협동 목회에 대한 청사진을 가지고 있는지 물었다. 나에게 이 부분은 아주 중요한 부분이었다. 왜냐하면 그 목사님의 성향이 워낙 변화에 민감했기 때문에 내가 간다면 어떻게 함께 목회할 수 있을지 그들이 미리 생각을 했는지 알고 싶었다. 변화를 지양하는 목사와 변화를 위해 데려오려고 하는 목사가 함께 목회를 하게 될 경우 찾아올 수 있는 어려움에 대해 생각해 보았냐고 물어봤다. 이들은 청빙하기 전에 이미 그 목사님과 많은 이야기를 했고, 그 목사님도 동의해서 청빙을 시작했다고 말했다. 그리고 지금 교회에 새로운 변화가 필요하다는 것을 그 목사님도 자각하고 있다고 말했다.

청빙위원회와 만난 지 일주일이 지났을 때 위원장에게서 전화가 왔다. 지난 만남 후 첫 인상이 어땠는지 그리고 앞으로 서로를 알아갈 마음이 있는지 알아보기 위해서였다. 나는 있는 그대로 이야기하고 더 대화를 이어 나갈 마음이 있다고 알렸다. 추가로 내가 생각하는 나의 목회 성향과 그 교회가 필요로 하는 목회자의 프로필에 대해 이야기를 나눴다.

마리엔베르그 교회 교인과의 만남

우리는 서로를 더 알아가기 위해 교인들과도 만나기로 했다. 교회와 목회자 가정이 서로를 알아가는 단계다. 교인들과 만나서 그들에게서 직접 이야기도 들어보고 교회와 그 지역 분위기를 볼 수 있는 좋은 기회다. 위원장은 의무는 아니지만 혹시 이때 마리엔베르그 교회에서 설교할 의향이 있냐고 물어봤다. 그러면 교인들도 내가 어떤 스타일인지 직접 눈으로 보면 더 좋지 않겠냐고 해서 흔쾌히 허락했다.

드디어 마리엔베르그 교인들과 만나는 주말이 되었다. 우리 가정은 토요일 오후에 도착해 위원장 부부의 차를 타고 마리엔베르그와 근처를 둘러보았다. 슈퍼는 어디에 있는지, 장은 어디서 보는지, 사택은 어디에 있는지 등 정보를 수집했다. 저녁에는 장로, 집사, 청빙위원회와 다과를 나누는 시간을 가졌다. 주일 오전에는 설교를 하고 함께 예배를 드리며 교회 분위기 파악을 할 수 있었다. 교인들이 찬양을 아주 열심히 부르는 것이 인상적이었다. 예배 후에는 교인들과 커피를 마시며 이야기를 나눴다. 나는 주로 교회가 무엇이 필요하고 어떤 목사가 필요한지 물어보았고, 어느 정도 대략적인 감을 가질 수 있었다. 교회의 젊은 몇몇 커플들과 점심식사를 하며 교회에 대한 젊은이들의 생각을 들을 수 있었다.

위원장은 나를 잘 알고 나에 대해 알려줄 수 있는 참고인 세 명을 알려달라고 했다. 나는 장로 한 명, 청소년 한 명, 동료 목사 한 명을 추천했다 (물론 이들에게 미리 사전에 동의를 구했다). 그리고 두 번째 미팅을 잡았다.

청빙위원회와 두 번째 만남

두 번째 만남은 내가 지금 시무하는 교회와 청빙하려는 교회 중간 지점에서 만나기로 했는데, 청빙위원회와 이미 계신 목사님도 함께 참석했다. 몇 주 전 미리 사전에 서로 궁금한 점, 서로 구체적으로 기대하는 점들을 파일로 공유해서 준비를 할 수 있었다. 나는 구체적으로 목회자가 무슨 일을 하길 원하는지 물었다. 젊은이들에게 더 관심을 가져주길 원한다고 했는데 구체적으로 내가 무엇을 하길 원하는지, 심방은 어떤 상황에서 하길 원하는지, 이미 계신 목사님과 구역을 어떻게 나눌 건지, 어떤 리더십을 원하는지 등이었다. 나의 질문에 대한 답도 그들과 미리 공유를 했는데, 청빙위원회와 그 목사님이 따로 작성해서 공유를 했다. 이 미팅에서는 좀 더 구체적으로 목회자의 사역에 대해 이야기할 수 있었다.

왜 굳이?

청빙위원회와 만남을 가질 때 주변 친구들과 동료들은 나를 말렸다. 다른 좋은 교회들도 많은데 왜 굳이 시골로 가려고 하느냐였다. 특히 마리엔베르그가 속한 지역 사람들에 대한 인식이 좋지 않았다. 그들은 게으르고, 수동적이고, 술을 좋아하고, 전통적이고, 변화를 두려워하고, 외국인에 대해 배타적이고, 쉽게 다가오지 못하고 솔직하지 못하다는 말을 들은 것이 한두 번이 아니었다. 그 지역에서의 목회 경험이 있는 친구 목사는 나뿐만 아니라 아내가 더 힘들 것이라고 하면서 잘 생각해 보라고 조언을 해주었다. 플리싱언 교회 장로도 조금만 더 기다렸다가 가면 되지 않겠냐고 말씀하셨다. 나중에 아내를 통해 알았지만 플로싱언 교회 장로는 다른 몇몇 교회에서 나의 이름이 거론된 걸 알고 계셨기에 그렇게 말씀하신 것이었다.

많은 사람들이 긍정적인 말보다는 부정적인 말을 해서 조금 흔들렸다. 하지만 하나님의 뜻이 있다면 어떤 목회지가 됐든 갈 수 있지 않을까라는 마음이 들었고, 무엇보다 마리엔베르그 교인들과 대화를 하면서 충분히 가능성을 보았기 때문에 불가능하지는 않다 생각했다. 오히려 어떤 도전이 기다리고 있을지 기대됐다.

청빙, 3주의 시간

드디어 교회에서 공동의회를 했고, 나를 청빙하기로 결정했다. 어느 정도 예상은 했지만, 하나님께 감사했다. 이곳이 과연 나에게 허락하신 곳인지에 대한 확신이 조금씩 더 들기 시작했다.

그런데 플리싱언 교회 교인들이 가만히 있지 않았다. 많은 메일과 편지를 받았다. 지금 플리싱언에 해야 할 일이 있으니 조금만 더 남아 달라는 내용이었다. 물론 나의 결정을 존중한다고 하였다. 나에게는 3주의 시간이 주어졌다. 이 기간 동안 청빙을 수락할지 아닐지 결정을 내려야 했다. 아내와 많은 이야기를 하고 기도를 했다. 쉽지 않은 과정이었지만 하나님의 뜻을 구하는 귀한 시간이었다.

사택, 협상의 대상

수락하기 1주일 전 사택을 보기로 했다. 사택을 볼 때 어떤 부분을 보아야 하는지 전혀 몰랐기 때문에 동료 목사들에게 조언을 구했다. 그중에 이웃 교회 목사 부인이 준 팁이 아직도 머리에서 잊히지 않는다. 그녀는 협상의 달인이다. 나에게 사택과 관련된 필요한 지식을 알려주시고, 가능한 청빙을 수락하기 전에 협상하라고 하셨다. 그 사택은 100년 된 낡은 건물이었기 때문에 수리할 것이 있으면 미리 부탁하라고 하셨다. 청빙 수락 후에 요청하면 사람의 마음이 바뀌어서 잘 들어주지 않는다고 신신당부하셨다. 한국 사람이 들었을 때 목사나 목사

부인이 협상한다고 하면 뭔가 세속적인 느낌이 있지만 네덜란드에서 이런 실용적인 것을 가지고 협상하는 것은 아주 당연한 일이고 목회 일 과는 다른 영역이라 생각한다. 사택에서 불편함 없이 사는 것도 결국 에는 목회에 도움이 된다고 생각하기 때문이다.

마음을 단단히 먹고 갔다. 아니나 다를까, 협상할 곳이 여기저기 눈 에 들어왔다. 낡은 부엌과 오래된 화장실과 욕실, 단창인 방들과 카페 트가 깔려 있는 거실. 하나하나 다 바꿔 달라고 말하기가 미안할 정도 였다. 어디까지 말을 할까 고민을 했지만, 사택을 보여주는 교인이 이 정도면 괜찮지 않냐고 할 때 이것이 협상의 시작을 알리는 신호탄임을 깨달았다. 아내가 눈치를 주면 재깍재깍 반응했다. 협상을 하면서 이 런 생각이 들었다. '오히려 동양 목사로서 당당하게 협상을 하고 내 의 견을 제시해야 이 사람들도 우리를 만만하게 보지 않겠지?'

청빙 수락

3주가 다 되기 전 청빙을 수락하기로 마음의 결정을 내렸다. 플리싱 언에서 나의 역할을 충분히 했다고 판단했다. 물론 교회사역이라는 것 이 끝은 없지만, 내가 할 수 있는 것은 했고 교회도 잘 돌아가고 있다고 생각했다. 수락한 것을 교회에 알리고 지인들에게 알리고 나니 마음이 홀가분했다. 여러 감정이 들었다. 그동안 플리싱언 교회 교인들에게 받은 것이 너무 많아 미안하고 감사한 마음이 들면서 눈물이 났다. 동시에 하나님께서 어떤 새로운 도전을 나에게 주실지 기대가 됐다.

그리고 지금, 마리엔베르그에서 무사히(?) 잘 목회하고 있다. 후회하지 않는다. 이 작은 지역에서도 동일한 하나님께서 일하고 계심을 보기 때문이다. 앞으로 이 지역 사람들을 통해 어떤 놀라운 일을 하실지 기대된다!

4. 청빙에서 배운 원칙의 중요성

OO교회 OOO장로

예배당 이전 그리고 청빙

하나님께서는 우리교회가 도심에서 외곽으로 교회당을 이전한 이후 세 번의 담임목사 청빙 기회를 주셨다. 첫 번째는 교회당 이전 직후 건축을 성공적으로 완료한 담임목사의 미국 이민으로 공석이 된 경우였고, 두 번째는 10여 년 후 갈등으로 인한 이동과 공석, 세 번째는 그 후 다시 10여 년간 목회를 잘하던 담임목사의 갑작스런 이동으로 인한 공석이었다. 이때엔 당회와 온 교회가 나서서 이동을 말렸지만 어쩔 수 없이 후임을 물색하지 않을 수 없었다. 이 글에서는 현직을 빼고 두 번의 청빙 과정을 기술한다.

먼저, 교회당 이전과 함께 이루어진 담임목사 청빙은 보통 교회들처럼 당회원 중심으로 진행되었다. 전임 담임목사가 교회당 건축을 은혜롭게 완료하고 난 뒤 미국으로 이민을 떠난 뒤여서 당회는 청빙을 서두를 수밖에 없었다.

담임목사 청빙은 조용하게 대상자를 물색하고 접촉하지만 자칫하면 해당자에 대한 소문이 나기 마련이다. 당시 첫 대상으로 떠오른 대상자에 대해서 교인들의 궁금증은 더해갔고 마침내 교회의 일부 제직이 그가 시무하는 교회에 설교를 들어보기 위해 가본 것이 알려지면서 그 목회자의 청빙은 무산되고 말았다.

한번 진통을 겪은 뒤 당회는 다시 청빙을 추진하면서 이번에는 소문 내지 않고 일을 빠르게 진행했다. 대상으로 지역 내 40대 초반의 젊은 목회자가 소개되고 접촉되었다. 당시 당회록은 "화요일 저녁 청빙키로 가결하고 다음날인 수요일 저녁에 각부 기관장들을 소집해서 설명회를, 주일에 공동의회 소집공고, 1주일 뒤에 청빙투표를 하기로 결정했다"고 기록한다. 한 번 일을 겪은 터라 전광석화와 같이 속전속결로 추진됐다. 당연히 심도 있는 검증 과정은 생략되고 말았다. 교회의 구성원들이 소식을 들었을 때는 이미 청빙에 합의가 다 된 시점. 교회에도 "누가 오기로 결정되었다"는 소문이 좍 퍼졌다.

그런 가운데 사후지만 일부 제직을 중심으로 "그 목회자의 설교를 들어봐야 하지 않겠느냐"는 공감대가 이루어졌다. 몇몇 사람들이 드러내지 않고 그 목회자의 마지막 고별 설교가 있는 교회의 저녁 예배에 참석했다. 참석한 이들은 "설교를 듣고는 큰일 났다고 생각했다"고 훗날 소감을 전했다. 이래선 안 된다고 생각했으나 이미 청빙은 돌이킬 수 없었다. 급하게 이루어진 청빙, 인물 됨됨이에 대한 충분한 고민 없이 강행된 청빙은 이후 10여 년간 교회에 지울 수 없는 아픔이 되었다.

극심한 내홍

그가 목회한 지 10여 년 동안 교인들 가운데는 교회를 떠나는 일이 속출했고 당회는 속앓이를 했다. 마침내 교회 내에는 그와 동역 여부를 놓고 극심한 내홍이 일어난다. 진통은 1년여를 끌면서 담임목사와 교인 간 갈등으로 치달았고 고발 사태로 비화되었다. 그 바람에 노회에서 전권위원회가 조직되고 전권위원들이 교회에 와서 고발된 교인을 조사하는 모습을 연출했다.

전화위복이라던가, 담임목사의 교인 고발이라는 무리수 덕분에 온 교회는 눈물과 기도로 하나 되었고 특히 당회와 중직자들은 한마음으로 이 문제를 놓고 기도하면서 하나님의 도우심을 구했다. 결국 '전권위원회'는 그 담임목사의 사퇴로 가닥을 모았으나 대신에 어마어마한 전별금을 제시했다. 교회는 커다란 충격에 휩싸였다.

제직회에서 고성이 오가고 격렬한 논란과 눈물 끝에 마침내 "교회 근처에서는 개척을 하거나 목회를 하지 않는다"는 조건을 걸고 뼈아프지만 이 안을 수용했다.

하지만, 그는 교회를 사임하자마자 곧바로 엎어지면 코 닿을 곳에 극소수의 교인을 데리고 나가 개척교회를 시작했다. '인근에서는 개척을 하지 않겠다'는 약속을 헌신짝처럼 팽개친 어처구니없는 일이었다. 안타깝게도 그 교회는 얼마 가지 않아서 문을 닫았고 따라갔던 교우들은 뿔뿔이 흩어지고 말았다.

그의 사면으로 사태는 일단락 되었으나 모두가 상처를 입었다. 남아 있었거나, 떠났다가 다시 돌아왔거나 교회 내부적으로 하나 되는 일이 우선 과제였다.

후유증 수습과 청빙위원회 가동

진통 끝에 사임이 마무리 되었지만 교회에는 후유증이 남았고 영적 치유가 시급했다. 하나님께서는 화합을 위한 화해의 장 마련, 새 목회자 청빙을 위한 위원회 구성과 가동이 우선 과제임을 알게 하셨다. 외적으로는 실추된 교회의 명예 회복을 위한 대책과 지역사회에 대한 이미지 제고 방안 등의 수습 대책을 세우는 것도 필요했다.

교회는 지난번과는 달리 집사를 포함시켜 당회원과 함께 청빙위원회를 꾸렸다. 처음 있는 일이었다. 위원장에는 선임장로를, 총무와 서기에 집사를, 위원에는 4명의 당회원과 2명의 집사 등 9명으로 진용을 짰다.

청빙위원회는 4개월에 걸쳐 14차례 회의를 통해 청빙을 진행했다. 그 기간 동안 청빙을 위한 전교인 말씀 기도집회, 인물 탐색과 신문 공시, 현지 예배 참석 등을 진행했다.

청빙위원회는 "말씀을 올바르게 이해하고 강단에서 바르게 전달할 수 있는 교역자를 최우선으로 모신다"는데 일치된 합의를 보았다. 청탁이나 비공식 경로로 들어오는 서류는 배제한다는 것도 원칙으로 했다. 말씀 연구 능력의 결여자가 강단을 맡을 경우 어떤 일이 발생하는지 뼈저리게 체험을 했고, 무원칙과 인위적으로 결정한 청빙이 교회를 얼마나 힘들게 했나를 생생하게 경험했기에 그랬다.

"월요일 오전이면 설교 준비가 끝난다"고 큰소리치던 그의 설교 준비 비결은 다름이 아닌 유명교회 목사 설교를 표절한 것이었다. 그는 남의 설교를 각색해서 주일마다 혼신의 힘을 다해 강론했다. 교회 홈페이지에도 돈 주고 사온 설교를 시제와 예화를 각색해서 자기 설교라고 올렸는데 실수로 원판 그대로 설교 몇 편을 올리는 바람에 들통나고 말았다. 이로 인해 교인들이 겪은 고통은 이루 말할 수 없었다. 따라서 자기 주도형 말씀 연구 능력이 얼마나 중요한 지에 대해선 모두 이의가 없었다.

또한 생활에서 자기가 선포한 말씀대로 살아서 신자들에게 모범을 보일 수 있는 교역자를 모시기로 하였다. 삶과 신앙이 불일치된 지도자가 교회에 끼치는 악영향을 목격했기에 이 부분은 양보할 수 없는 원칙으로 정하였다.

지도력에서도 판단이 공정하고 모든 일에 신실하며, 인품에서 비합리적인 권위주의에 물든 자는 배척하기로 했다. 공정치 못하고 비합리적이고 전횡을 일삼는 권위주의의 화신과 같은 목회자에게서 상처를 입은 교인들이 당시를 '바벨론 유수'로 회상하기도 해 얼마나 힘들어했는지, 그 상처가 얼마나 오래가는지 보았기 때문이다.

부록 11 청빙의 여러 예

다른 교역자와 협동하고 협력 조정 능력이 있어야 한다는데도 합의했다. 돈키호테식으로 나만 내세우고 귀를 막는 지도자의 폐해를 경험한 터라 역시 이 부분도 청빙에서 중요한 항목으로 다루기로 하였다. 거기에 더해 양육과 전도의 열매가 있는지 여부와 사례 등에 대한 우리교회의 원칙을 수락하는 목회자를 청빙하기로 하는 등 다양한 원칙을 준비한 청빙위원회는 검증 절차에 대한 논의를 본격 가속시켰다.

신중을 기한 검증 절차

검증은 청빙위 안에서 '공개'와 '비공개' 방식을 동시 실시하기로 했다. 비공개 확인으로는 주위의 평가와 목회의 과정에 대한 점검을 하기로 했다. 주변 평가와 목회 과정 평가 방법 역시 자칫하면 소문이 날 수 있어서 당사자에게 치명적이 될 수 있기에 신중에 신중을 기하기로 했다. 공개 검증 방법으로는 보내온 설교 테이프를 청빙위원들이 듣고 이에 대한 평을 하기로 했다. 이어서 주일 오전 예배와 수요 금요 기도회 등에 청빙위원들이 표나지 않게 참석해서 직접 강단의 생생한 목소리를 들어보기로 했다.

심사는 △교회가 교계신문에 공고한 청빙 규정대로 하며 △청빙위원회에서 당회에 추천하고 △추천자 결정은 서류, 설교 테이프 청취, 직접 강단 청취의 3단계를 거쳐 최종적으로 선정하기로 하였다. △대학 기준은 정규대학으로 하되 지방차별은 안 하기로 하였으나 학력은 정규 목회학 석사과정과 국내외 학위소지자에 대해 우선권을 주기로 하였다. 학교 성적도 참고했는데 그가 성실하게 공부를 했는지 여부를 알 수 있기에 이 부분을 채택했다. △외부 활동이 잦은 사람도 배제하기로 했다. 교회에 붙어있지 않고 외부로만 나돌아 다니는 목회자가 성실하게 목양을 할 수 없다고 판단했기 때문이었다.

청빙위원회는 보내온 설교 테이프를 들을 때 △본문과 설교내용은 합치하는가 △강해설교인가 제목설교인가 △해석의 방법은 무엇인가 △전달내용은 정확한가 △언어구사는 간결한가 △적용은 정확한가 등에 주안점을 두고 치밀하게 살피기로 결정했다.

본격적인 청빙 과정

청빙위원회는 첫 모임을 가지면서 "교회 건덕을 위해서 일체의 활동은 보안을 유지하고, 혼선을 막기 위해 공식발표 창구는 당회로 한다"는 대 원칙을 세웠다.

청빙위원회 제2차 회의에서는 "목회계획서와 자기소개서를 받자" "지명도나 설교보다는 가능성이 있는 목회자, 함께 섬길 수 있는 목회자를 천거하도록 힘쓰자" "사명감과 균형이 있고 사람이 된 목회자를 청빙하자" "인터뷰를 공개적으로 하고 위임에 대한 기준도 연구를 하자"는 등 담임목사 청빙 방법과 규정에 대한 다양한 의견이 쏟아졌다. 청빙위원회를 처음 꾸린 터라 의욕적이었으나 대부분 조율을 필요로 하는 제안들이었다.

제3차 회의는 추천된 목회자에 대한 면담과 추천 등에 대한 결의가 있었다. 그 이후 다양한 의견 수렴과 직접 출장 등의 활동이 계속되었다. 청빙을 한다는 소문이 난 탓에 비공식 통로로 추천하려는 이들이 있었는데, 그런 경우는 제외하기로 다시 합의한다. 제5차 회의는 △전교회적 합심 기도회 △청빙위 조직에 대한 재확인 △청빙 공고안에 대한 합의를 한다.

제5차 회의 이후 전교인 특별 기도회를 두 번에 걸쳐 실시하였다. 온 교회가 전임목사의 사임 과정에서 불거진 상처를 치료하고 새로운 담임목사의 청빙을 두고 합심해서 기도하면서 준비한 것은 청빙 사상 처음 있는 일이었다. 제6차 회의가 소집되었을 때 공고로 인해 들어온 서류는 모두 44명의 목회자였다. 청빙위원회는 접수된 서류 개봉 전에 향후 운영과 관련한 제안들을 다루면서 다시 한번 청빙에 대한 각오를 다졌다. 제7차 회의에서는 모든 당회원이 모인 자리에서 서류를 개봉했다. 제8차 회의에선 서류를 살피기 위한 구체적이고 합리적인 방안들이 세워졌고 본격 서류검토에 들어간다. 청빙위원회에서 마련한 3가지 '청빙 서류 체크리스트 안'을 검토한 뒤 1, 2안을 통합하여 1차 심사용으로 확정하였다. 3안은 2차 심사에서 활용하기로 하였다. 청빙 서류 체크리스트는 다양한 기준을 표로 만들어 서류를 한눈에 대조하게 만들었다. 1차로 8명의 대상자를 선정했다. 이 가운데 설교 청취는

5명을 대상으로 실시키로 했다. 제9차 회의는 5명 가운데 숙의를 거듭, 4명으로 압축해 설교를 듣기로 결정한다. 이후 10일 동안 청빙위원들은 장시간 테이프를 치밀하게 들으면서 본문, 제목, 시간, 설교 종류, 본문 해석, 적용, 언어 구사 등의 점검 사항을 놓고 편견 없이 설교의 내용에 몰두했다. 제10차 회의는 1명을 '만장일치'로 선정한다. 놀라운 것은 청빙위원들 중 최종 1인을 아는 사람은 아무도 없었고, 그가 보내온 서류에는 추천서를 구비하지 않는 등 허점도 있었다. 그러나 이상하게도 그의 서류는 여러 사람의 손을 거치면서도 탈락되지 않고 설교 청취까지 통과했다. 청빙에 간섭하시는 하나님의 손길이었다. 제11차 회의는 청빙위원 2명씩 3개 팀으로 나누어 직접 주일 오전 예배, 수요기도회, 새벽기도회 설교를 듣기로 한다. 청빙위원들은 드러나지 않게 교회를 탐방하였는데, 3팀으로부터 거의 일치된 보고가 들어왔다. "영성이 있으며 설교가 차분하고 해석과 적용이 좋다"는 평이 보고되었다. 또한 당회원들은 그가 이전에 시무하던 교회로부터의 평가들을 모아왔다. 전임 사역지와 현재 사역지에서 지인들을 통한 인물 됨됨이를 살펴본 결과도 비교적 좋은 평가를 들을 수 있었다. 제12차 회의는 그동안 살피고 정리한 보고사항들을 전원 합의, 보고서로 작성하여 당회에 제출하기로 결의한다.

청빙과 교회의 화평

당회원 전원, 청빙위원 연석으로 열린 제13차 회의는 최종 후보를 담임목사로 청빙하기로 '만장일치'로 결정하고 조속한 시일 내로 청빙을 마무리하기로 하였다. 세칭 '선을 보는 설교'는 하지 않기로 했다. 공동의회는 무효 1표 반대 1표로 99.4%의 찬성으로 가결했다. 청빙위원회가 가동된 지 4개월 만이었다.

이렇게 청빙된 목사는 온화한 인품과 부드러우나 깊이 있는 설교로 상처받은 교회를 위로했다. 당시 교회 형편으로서는 안성맞춤의 목회자가 청빙된 것이었다.

하나님께서는 청빙 과정을 통해 '원칙을 세운다는 것'과 '온 교회의 기도', '절차'와 '과정'을 지키고 함께 의논하고 온 교회가 '만장일치'로 결정하는 의미를 가르쳐주셨다. 한 번의 실수를 타산지석으로 삼아 공개의 원칙을 지키고, 청빙과 관련한 청탁을 배제한 결과, 하나님께서 교회에 꼭 필요한 목회자를 보내주시는 은혜를 경험했고, 교회가 은혜 가운데 거할 수 있게 되었다. 청빙은 선택이라기보다는 보내주신다는 것을 경험했다. 오직 하나님께 영광을 돌릴 일이다. 위 방식은 근래에 교회를 잘 목회하던 목사의 임지 이동으로 인한 공석 때에도 거의 그대로 적용되어 다시 한번 은혜 가운데 청빙을 이루는 역사를 잇게 했다.

목사의 재신임(신임투표) 제도 어떻게 볼 것인가?

목사의 '재신임 제도'(신임투표 제도)는 장로교 정치의 관점에서 볼 때 바람직하지 않다. 장로교회의 '목사 위임 제도'는 하나님의 부르심과 뜻, 목사의 내적 소명, 교회의 외적 소명을 가장 잘 적용하고 있다.

목사의 재신임 제도 현실

한때 개 교회 정관 갖기 운동이 유행이었다. 더불어 목사의 재신임 제도가 붐을 일으켰다. 교회가 정기적으로(3년 혹은 4년, 6년마다) 신임을 다시 묻는 제도이다. 한평생 교회를 섬기도록 부름 받아 위임받은 목사가 신임투표로 사임하는 것이 옳은 것일까?

목사의 재신임 제도가 도입된 것은 목사의 리더십에 대한 불신, 목사의 전횡, 교회 세습 등의 반발에서 비롯되었다. 이것이 과연 장로교

질서에 맞는 것일까?

장로교회에서 목사는 노회의 위임을 받아 교회로 파송된다. 개체교회는 목사를 투표로 결정하지만, 노회가 최종 청빙의 허락과 위임을 한다. 노회는 개체교회로부터 청빙 받은 목사를 주님이 주신 권위로 그 교회에서 목양하도록 위임한다. 이런 방식은 직분자가 회중의 투표로 세워지지만 궁극적으로는 위에 계신 하나님으로부터 온다는 것을 잘 보여 준다.

목사 재신임제도는 회중의 뜻을 중요하게 생각하는 회중교회와 민주정치의 영향을 받은 것이다.

목사의 재신임 제도 문제

목사는 직분을 얻기까지 여러 해 준비할 뿐만 아니라, 임직 후에도 한평생 봉사한다. 목사의 사역 중간에 재신임을 묻는 것은 하나님의 부르심과 교회의 청빙을 너무 가볍게 여기는 처사다. 목사는 하늘에 계신 하나님 아버지로부터 직분을 받고 땅에 있는 개체교회를 섬기도록 위임을 받고 일하는 직분자다. 하나님의 부름과 교회의 청빙을 받아 신실하게 사역하는 목사에게 재신임을 묻는 것은 여러 문제를 양산한다. 목사는 개체교회의 투표를 통해 이미 하나님의 소명을 확인한 자다. 그리스도의 권위로 노회를 통해 개체교회에 임명된 자다.

목사의 재신임 제도는 다음과 같은 문제가 있다.

첫째, 굳이 신임투표의 의미라면, 2/3의 찬성이 아니라 오히려 2/3의 반대가 없으면, 신임을 얻었다고 평가하는 것이 옳다.

둘째, 목사의 사역에는 언제나 반대가 있기 마련이다. 복음을 전하고, 바른 교훈으로 권면할 때, 연약하거나 불신앙적인 교인들이 말씀을 거역하거나 전하는 자를 반대하고 핍박하기도 한다(렘 26:8-9; 29:19; 마 23:34-35). 그러므로 반대가 있다는 이유만으로 불신임하는 것은 바람직하지 않다.

셋째, 목사를 불신임할 충분한 이유와 증거가 있을 때는 교회 질서를 따라 노회에 진정(혹은 고소)하는 것이 바람직하다(참조. 고신 교회 헌법 권징 제90조).

넷째, 신임투표는 교회의 분열과 갈등을 증폭시킬 수 있다. 재신임 과정에서 목사와 회중 간에 의견과 마음의 충돌이 발생할 수 있다. 타락한 본성을 생각하면 신임투표 행위가 줄 수 있는 갈등 요인을 걱정하지 않을 수 없다.

다섯째, 재신임 제도는 목사의 목회를 격려하기보다 위축시키고 불안정하게 한다. 신임투표를 실행하면 목사가 교인의 마음을 얻기 위해 눈치를 보지 않을 수 없다. 하나님의 종이 아니라, 사람의 종으로 전락할 수 있다(참조. 갈 1:10). 신임을 묻는 그 자체가 목회자에게 큰 부담이다. 목회자가 불안감으로 목회한다면 좋은 결과를 기대하기 어렵다.

　여섯째, 목사 재신임 제도를 도입하려는 데는 근본적으로 노회(시찰회)가 소속 목사를 제대로 영적으로 시찰하고 감독하지 못한 데도 원인이 있다. 교인이 직접 목사를 시찰하고 감독하고자 하는 이 제도를 시행하는 것이 아니라, 노회와 시찰회가 목사를 시찰하고 감독하는 기능이 제대로 작동되어야 한다.